INDONÉSIO

V O C A B U L Á R I O

PORTUGUÊS BRASILEIRO

PORTUGUÊS INDONÉSIO

Para alargar o seu léxico e apurar
as suas competências linguísticas

3000 palavras

I0157917

Vocabulário Português Brasileiro-Indonésio - 3000 palavras

Por Andrey Taranov

Os vocabulários da T&P Books destinam-se a ajudar a aprender, a memorizar, e a rever palavras estrangeiras. O dicionário é dividido em temas, cobrindo todas as principais esferas de atividades quotidianas, negócios, ciência, cultura, etc.

O processo de aprendizagem, utilizando os dicionários baseados em temáticas da T&P Books dá-lhe as seguintes vantagens:

- Informação de origem corretamente agrupada predetermina o sucesso em fases subsequentes da memorização de palavras
- Disponibilização de palavras derivadas da mesma raiz, o que permite a memorização de unidades de texto (em vez de palavras separadas)
- Pequenas unidades de palavras facilitam o processo de estabelecimento de vínculos associativos necessários para a consolidação do vocabulário
- O nível de conhecimento da língua pode ser estimado pelo número de palavras aprendidas

Copyright © 2019 T&P Books Publishing

Todos os direitos reservados. Nenhuma parte desta publicação pode ser reproduzida, total ou parcialmente, por quaisquer métodos ou processos, sejam eles eletrônicos, mecânicos, de fotocópia ou outros, sem a autorização escrita do editor. Esta publicação não pode ser divulgada, copiada ou distribuída em nenhum formato.

T&P Books Publishing
www.tpbooks.com

ISBN: 978-1-78767-418-9

Este livro também está disponível em formato E-book.
Por favor visite www.tpbooks.com ou as principais livrarias on-line.

VOCABULÁRIO INDONÉSIO
palavras mais úteis

Os vocabulários da T&P Books destinam-se a ajudar a aprender, a memorizar, e a rever palavras estrangeiras. O vocabulário contém mais de 3000 palavras de uso comum organizadas tematicamente.

O vocabulário contém as palavras mais comummente usadas
Recomendado como adicional para qualquer curso de línguas
Satisfaz as necessidades dos iniciados e dos alunos avançados de línguas estrangeiras
Conveniente para o uso diário, sessões de revisão e atividades de auto-teste
Permite avaliar o seu vocabulário

Características especias do vocabulário

* As palavras estão organizadas de acordo com o seu significado, e não por ordem alfabética
* As palavras são apresentadas em três colunas para facilitar os processos de revisão e auto-teste
* As palavras compostas são divididas em pequenos blocos para facilitar o processo de aprendizagem
* O vocabulário oferece uma transcrição simples e adequada de cada palavra estrangeira

O vocabulário contém 101 tópicos incluindo:

Conceitos básicos, Números, Cores, Meses, Estações do ano, Unidades de medida, Roupas & Acessórios, Alimentos & Nutrição, Restaurante, Membros da Família, Parentes, Caráter, Sentimentos, Emoções, Doenças, Cidade, Passeios, Compras, Dinheiro, Casa, Lar, Escritório, Trabalho no Escritório, Importação & Exportação, Marketing, Pesquisa de Emprego, Esportes, Educação, Computador, Internet, Ferramentas, Natureza, Países, Nacionalidades e muito mais ...

TABELA DE CONTEÚDOS

Guia de pronunciação	8
Abreviaturas	9

CONCEITOS BÁSICOS 10

1. Pronomes 10
2. Cumprimentos. Saudações 10
3. Questões 11
4. Preposições 11
5. Palavras funcionais. Advérbios. Parte 1 12
6. Palavras funcionais. Advérbios. Parte 2 13

NÚMEROS. DIVERSOS 15

7. Números cardinais. Parte 1 15
8. Números cardinais. Parte 2 16
9. Números ordinais 16

CORES. UNIDADES DE MEDIDA 17

10. Cores 17
11. Unidades de medida 17
12. Recipientes 18

VERBOS PRINCIPAIS 20

13. Os verbos mais importantes. Parte 1 20
14. Os verbos mais importantes. Parte 2 21
15. Os verbos mais importantes. Parte 3 22
16. Os verbos mais importantes. Parte 4 22

TEMPO. CALENDÁRIO 24

17. Dias da semana 24
18. Horas. Dia e noite 24
19. Meses. Estações 25

VIAGENS. HOTEL 28

20. Viagens 28
21. Hotel 28
22. Turismo 29

TRANSPORTES 31

23. Aeroporto 31
24. Avião 32
25. Comboio 33
26. Barco 34

CIDADE 36

27. Transportes urbanos 36
28. Cidade. Vida na cidade 37
29. Instituições urbanas 38
30. Sinais 39
31. Compras 40

VESTUÁRIO & ACESSÓRIOS 42

32. Roupa exterior. Casacos 42
33. Vestuário de homem & mulher 42
34. Vestuário. Roupa interior 43
35. Adereços de cabeça 43
36. Calçado 43
37. Acessórios pessoais 44
38. Vestuário. Diversos 44
39. Cuidados pessoais. Cosméticos 45
40. Relógios de pulso. Relógios 46

EXPERIÊNCIA DO QUOTIDIANO 47

41. Dinheiro 47
42. Correios. Serviço postal 48
43. Banca 48
44. Telefone. Conversação telefônica 49
45. Telefone móvel 50
46. Estacionário 50
47. Línguas estrangeiras 51

REFEIÇÕES. RESTAURANTE 53

48. Por a mesa 53
49. Restaurante 53
50. Refeições 53
51. Pratos cozinhados 54
52. Comida 55

53.	Bebidas	57
54.	Vegetais	58
55.	Frutos. Nozes	59
56.	Pão. Bolaria	59
57.	Especiarias	60

INFORMAÇÃO PESSOAL. FAMÍLIA — 61

58.	Informação pessoal. Formulários	61
59.	Membros da família. Parentes	61
60.	Amigos. Colegas de trabalho	62

CORPO HUMANO. MEDICINA — 64

61.	Cabeça	64
62.	Corpo humano	65
63.	Doenças	65
64.	Sintomas. Tratamentos. Parte 1	67
65.	Sintomas. Tratamentos. Parte 2	68
66.	Sintomas. Tratamentos. Parte 3	69
67.	Medicina. Drogas. Acessórios	69

APARTAMENTO — 71

68.	Apartamento	71
69.	Mobiliário. Interior	71
70.	Quarto de dormir	72
71.	Cozinha	72
72.	Casa de banho	73
73.	Eletrodomésticos	74

A TERRA. TEMPO — 75

74.	Espaço sideral	75
75.	A Terra	76
76.	Pontos cardeais	76
77.	Mar. Oceano	77
78.	Nomes de Mares e Oceanos	78
79.	Montanhas	79
80.	Nomes de montanhas	80
81.	Rios	80
82.	Nomes de rios	81
83.	Floresta	81
84.	Recursos naturais	82
85.	Tempo	83
86.	Tempo extremo. Catástrofes naturais	84

FAUNA — 86

87.	Mamíferos. Predadores	86
88.	Animais selvagens	86

89. Animais domésticos   87
90. Pássaros   88
91. Peixes. Animais marinhos   90
92. Anfíbios. Répteis   90
93. Insetos   91

FLORA   92

94. Árvores   92
95. Arbustos   92
96. Frutos. Bagas   93
97. Flores. Plantas   94
98. Cereais, grãos   95

PAÍSES DO MUNDO   96

99. Países. Parte 1   96
100. Países. Parte 2   97
101. Países. Parte 3   97

GUIA DE PRONUNCIAÇÃO

Letra	Exemplo indonésio	Alfabeto fonético T&P	Exemplo Português
Aa	zaman	[a]	chamar
Bb	besar	[b]	barril
Cc	kecil, cepat	[ʧ]	Tchau!
Dd	dugaan	[d]	dentista
Ee	segera, mencium	[e], [ə]	mover
Ff	berfungsi	[f]	safári
Gg	juga, lagi	[g]	gosto
Hh	hanya, bahwa	[h]	[h] aspirada
Ii	izin, sebagai ganti	[i], [j]	sinônimo, Vietnã
Jj	setuju, ijin	[ʤ]	tajique
Kk	kemudian, tidak	[k], [ˀ]	kiwi, oclusiva glotal
Ll	dilarang	[l]	libra
Mm	melihat	[m]	magnólia
Nn	berenang	[n], [ŋ]	natureza, alcançar
Oo	toko roti	[o:]	albatroz
Pp	peribahasa	[p]	presente
Qq	Aquarius	[k]	aquilo
Rr	ratu, riang	[r]	[r] vibrante
Ss	sendok, syarat	[s], [ʃ]	sanita, mês
Tt	tamu, adat	[t]	tulipa
Uu	ambulans	[u]	bonita
Vv	renovasi	[v]	fava
Ww	pariwisata	[w]	página web
Xx	boxer	[ks]	perplexo
Yy	banyak, syarat	[j]	Vietnã
Zz	zamrud	[z]	sésamo

Combinações de letras

aa	maaf	[aˀa]	a+oclusiva glotal
kh	khawatir	[h]	[h] aspirada
th	Gereja Lutheran	[t]	tulipa
-k	tidak	[ˀ]	oclusiva glotal

ABREVIATURAS
usadas no vocabulário

Abreviaturas do Português

adj	-	adjetivo
adv	-	advérbio
anim.	-	animado
conj.	-	conjunção
desp.	-	esporte
etc.	-	Etcetera
ex.	-	por exemplo
f	-	nome feminino
f pl	-	feminino plural
fem.	-	feminino
inanim.	-	inanimado
m	-	nome masculino
m pl	-	masculino plural
m, f	-	masculino, feminino
masc.	-	masculino
mat.	-	matemática
mil.	-	militar
pl	-	plural
prep.	-	preposição
pron.	-	pronome
sb.	-	sobre
sing.	-	singular
v aux	-	verbo auxiliar
vi	-	verbo intransitivo
vi, vt	-	verbo intransitivo, transitivo
vr	-	verbo reflexivo
vt	-	verbo transitivo

CONCEITOS BÁSICOS

1. Pronomes

eu	saya, aku	[saja], [aku]
você	engkau, kamu	[eŋkau], [kamu]
ele, ela	beliau, dia, ia	[beliau], [dia], [ia]
nós	kami, kita	[kami], [kita]
vocês	kalian	[kalian]
o senhor, -a	Anda	[anda]
senhores, -as	Anda sekalian	[anda sekalian]
eles, elas	mereka	[mereka]

2. Cumprimentos. Saudações

Oi!	Halo!	[halo!]
Olá!	Halo!	[halo!]
Bom dia!	Selamat pagi!	[slamat pagi!]
Boa tarde!	Selamat siang!	[slamat siaŋ!]
Boa noite!	Selamat sore!	[slamat sore!]
cumprimentar (vt)	menyapa	[mənjapa]
Oi!	Hai!	[hey!]
saudação (f)	sambutan, salam	[sambutan], [salam]
saudar (vt)	menyambut	[mənjambut]
Tudo bem?	Apa kabar?	[apa kabar?]
E aí, novidades?	Apa yang baru?	[apa yaŋ baru?]
Tchau!	Selamat tinggal! Selamat jalan!	[slamat tiŋgal!], [slamat dʒialan!]
Até logo!	Dadah!	[dadah!]
Até breve!	Sampai bertemu lagi!	[sampaj bertemu lagi!]
Adeus! (sing.)	Sampai jumpa!	[sampaj dʒiumpa!]
Adeus! (pl)	Selamat tinggal!	[slamat tiŋgal!]
despedir-se (dizer adeus)	berpamitan	[bərpamitan]
Até mais!	Sampai nanti!	[sampaj nanti!]
Obrigado! -a!	Terima kasih!	[tərima kasih!]
Muito obrigado! -a!	Terima kasih banyak!	[tərima kasih banja?!]
De nada	Kembali! Sama-sama!	[kembali!], [sama-sama!]
Não tem de quê	Kembali!	[kembali!]
Não foi nada!	Kembali!	[kembali!]
Desculpa! -pe!	Maaf, ...	[ma'af, ...]
desculpar (vt)	memaafkan	[mema'afkan]
desculpar-se (vr)	meminta maaf	[meminta ma'af]
Me desculpe	Maafkan saya	[ma'afkan saja]

Desculpe!	Maaf!	[ma'af!]
perdoar (vt)	memaafkan	[mema'afkan]
Não faz mal	Tidak apa-apa!	[tida' apa-apa!]
por favor	tolong	[toloŋ]

Não se esqueça!	Jangan lupa!	[dʒ'aŋan lupa!]
Com certeza!	Tentu!	[tentu!]
Claro que não!	Tentu tidak!	[tentu tida'!]
Está bem! De acordo!	Baiklah! Baik!	[bajklah!], [baj'!]
Chega!	Cukuplah!	[ʧukuplah!]

3. Questões

Quem?	Siapa?	[siapa?]
O que?	Apa?	[apa?]
Onde?	Di mana?	[di mana?]
Para onde?	Ke mana?	[ke mana?]
De onde?	Dari mana?	[dari mana?]
Quando?	Kapan?	[kapan?]
Para quê?	Mengapa?	[məŋapa?]
Por quê?	Mengapa?	[məŋapa?]

Para quê?	Untuk apa?	[untu' apa?]
Como?	Bagaimana?	[bagajmana?]
Qual (~ é o problema?)	Apa? Yang mana?	[apa?], [yaŋ mana?]
Qual (~ deles?)	Yang mana?	[yaŋ mana?]

A quem?	Kepada siapa? Untuk siapa?	[kepada siapa?], [untu' siapa?]
De quem?	Tentang siapa?	[tentaŋ siapa?]
Do quê?	Tentang apa?	[tentaŋ apa?]
Com quem?	Dengan siapa?	[deŋan siapa?]

| Quanto, -os, -as? | Berapa? | [bərapa?] |
| De quem (~ é isto?) | Milik siapa? | [mili' siapa?] |

4. Preposições

com (prep.)	dengan	[deŋan]
sem (prep.)	tanpa	[tanpa]
a, para (exprime lugar)	ke	[ke]
sobre (ex. falar ~)	tentang ...	[tentaŋ ...]
antes de ...	sebelum	[sebelum]
em frente de ...	di depan ...	[di depan ...]

debaixo de ...	di bawah	[di bawah]
sobre (em cima de)	di atas	[di atas]
em ..., sobre ...	di atas	[di atas]
de, do (sou ~ Rio de Janeiro)	dari	[dari]
de (feito ~ pedra)	dari	[dari]
em (~ 3 dias)	dalam	[dalam]
por cima de ...	melalui	[melalui]

5. Palavras funcionais. Advérbios. Parte 1

Onde?	Di mana?	[di mana?]
aqui	di sini	[di sini]
lá, ali	di sana	[di sana]
em algum lugar	di suatu tempat	[di suatu tempat]
em lugar nenhum	tak ada di mana pun	[ta' ada di mana pun]
perto de ...	dekat	[dekat]
perto da janela	dekat jendela	[dekat ʤendela]
Para onde?	Ke mana?	[ke mana?]
aqui	ke sini	[ke sini]
para lá	ke sana	[ke sana]
daqui	dari sini	[dari sini]
de lá, dali	dari sana	[dari sana]
perto	dekat	[dekat]
longe	jauh	[ʤauh]
perto de ...	dekat	[dekat]
à mão, perto	dekat	[dekat]
não fica longe	tidak jauh	[tida' ʤauh]
esquerdo (adj)	kiri	[kiri]
à esquerda	di kiri	[di kiri]
para a esquerda	ke kiri	[ke kiri]
direito (adj)	kanan	[kanan]
à direita	di kanan	[di kanan]
para a direita	ke kanan	[ke kanan]
em frente	di depan	[di depan]
da frente	depan	[depan]
adiante (para a frente)	ke depan	[ke depan]
atrás de ...	di belakang	[di belakaŋ]
de trás	dari belakang	[dari belakaŋ]
para trás	mundur	[mundur]
meio (m), metade (f)	tengah	[teŋah]
no meio	di tengah	[di teŋah]
do lado	di sisi, di samping	[di sisi], [di sampiŋ]
em todo lugar	di mana-mana	[di mana-mana]
por todos os lados	di sekitar	[di sekitar]
de dentro	dari dalam	[dari dalam]
para algum lugar	ke suatu tempat	[ke suatu tempat]
diretamente	terus	[terus]
de volta	kembali	[kembali]
de algum lugar	dari mana pun	[dari mana pun]
de algum lugar	dari suatu tempat	[dari suatu tempat]

em primeiro lugar	pertama	[pərtama]
em segundo lugar	kedua	[kedua]
em terceiro lugar	ketiga	[ketiga]

de repente	tiba-tiba	[tiba-tiba]
no início	mula-mula	[mula-mula]
pela primeira vez	untuk pertama kalinya	[untu' pərtama kalinja]
muito antes de ...	jauh sebelum ...	[dʒ'auh sebelum ...]
de novo	kembali	[kembali]
para sempre	untuk selama-lamanya	[untu' selama-lamanja]

nunca	tidak pernah	[tida' pərnah]
de novo	lagi, kembali	[lagi], [kembali]
agora	sekarang	[sekaraŋ]
frequentemente	sering, seringkali	[seriŋ], [seriŋkali]
então	ketika itu	[ketika itu]
urgentemente	segera	[segera]
normalmente	biasanya	[biasanja]

a propósito, ...	ngomong-ngomong ...	[ŋomoŋ-ŋomoŋ ...]
é possível	mungkin	[muŋkin]
provavelmente	mungkin	[muŋkin]
talvez	mungkin	[muŋkin]
além disso, ...	selain itu ...	[selajn itu ...]
por isso ...	karena itu ...	[karena itu ...]
apesar de ...	meskipun ...	[meskipun ...]
graças a ...	berkat ...	[berkat ...]

que (pron.)	apa	[apa]
que (conj.)	bahwa	[bahwa]
algo	sesuatu	[sesuatu]
alguma coisa	sesuatu	[sesuatu]
nada	tidak sesuatu pun	[tida' sesuatu pun]

quem	siapa	[siapa]
alguém (~ que ...)	seseorang	[seseoraŋ]
alguém (com ~)	seseorang	[seseoraŋ]

ninguém	tidak seorang pun	[tida' seoraŋ pun]
para lugar nenhum	tidak ke mana pun	[tida' ke mana pun]
de ninguém	tidak milik siapa pun	[tida' mili' siapa pun]
de alguém	milik seseorang	[mili' seseoraŋ]

tão	sangat	[saŋat]
também (gostaria ~ de ...)	juga	[dʒ'uga]
também (~ eu)	juga	[dʒ'uga]

6. Palavras funcionais. Advérbios. Parte 2

Por quê?	Mengapa?	[məŋapa?]
por alguma razão	entah mengapa	[entah məŋapa]
porque ...	karena ...	[karena ...]
por qualquer razão	untuk tujuan tertentu	[untu' tudʒ'uan tərtentu]
e (tu ~ eu)	dan	[dan]

13

ou (ser ~ não ser)	atau	[atau]
mas (porém)	tetapi, namun	[tetapi], [namun]
para (~ a minha mãe)	untuk	[untu']

muito, demais	terlalu	[tərlalu]
só, somente	hanya	[hanja]
exatamente	tepat	[tepat]
cerca de (~ 10 kg)	sekitar	[sekitar]

aproximadamente	kira-kira	[kira-kira]
aproximado (adj)	kira-kira	[kira-kira]
quase	hampir	[hampir]
resto (m)	selebihnya, sisanya	[selebihnja], [sisanja]

o outro (segundo)	kedua	[kedua]
outro (adj)	lain	[lain]
cada (adj)	setiap	[setiap]
qualquer (adj)	sebarang	[sebaraŋ]
muito, muitos, muitas	banyak	[banja']
muitas pessoas	banyak orang	[banja' oraŋ]
todos	semua	[semua]

em troca de ...	sebagai ganti ...	[sebagaj ganti ...]
em troca	sebagai gantinya	[sebagaj gantinja]
à mão	dengan tangan	[deŋan taŋan]
pouco provável	hampir tidak	[hampir tida']

provavelmente	mungkin	[muŋkin]
de propósito	sengaja	[seŋadʒʲa]
por acidente	tidak sengaja	[tida' seŋadʒʲa]

muito	sangat	[saŋat]
por exemplo	misalnya	[misalnja]
entre	antara	[antara]
entre (no meio de)	di antara	[di antara]
tanto	banyak sekali	[banja' sekali]
especialmente	terutama	[terutama]

NÚMEROS. DIVERSOS

7. Números cardinais. Parte 1

zero	nol	[nol]
um	satu	[satu]
dois	dua	[dua]
três	tiga	[tiga]
quatro	empat	[empat]
cinco	lima	[lima]
seis	enam	[enam]
sete	tujuh	[tuʤʲuh]
oito	delapan	[delapan]
nove	sembilan	[sembilan]
dez	sepuluh	[sepuluh]
onze	sebelas	[sebelas]
doze	dua belas	[dua belas]
treze	tiga belas	[tiga belas]
catorze	empat belas	[empat belas]
quinze	lima belas	[lima belas]
dezesseis	enam belas	[enam belas]
dezessete	tujuh belas	[tuʤʲuh belas]
dezoito	delapan belas	[delapan belas]
dezenove	sembilan belas	[sembilan belas]
vinte	dua puluh	[dua puluh]
vinte e um	dua puluh satu	[dua puluh satu]
vinte e dois	dua puluh dua	[dua puluh dua]
vinte e três	dua puluh tiga	[dua puluh tiga]
trinta	tiga puluh	[tiga puluh]
trinta e um	tiga puluh satu	[tiga puluh satu]
trinta e dois	tiga puluh dua	[tiga puluh dua]
trinta e três	tiga puluh tiga	[tiga puluh tiga]
quarenta	empat puluh	[empat puluh]
quarenta e um	empat puluh satu	[empat puluh satu]
quarenta e dois	empat puluh dua	[empat puluh dua]
quarenta e três	empat puluh tiga	[empat puluh tiga]
cinquenta	lima puluh	[lima puluh]
cinquenta e um	lima puluh satu	[lima puluh satu]
cinquenta e dois	lima puluh dua	[lima puluh dua]
cinquenta e três	lima puluh tiga	[lima puluh tiga]
sessenta	enam puluh	[enam puluh]
sessenta e um	enam puluh satu	[enam puluh satu]

sessenta e dois	**enam puluh dua**	[enam puluh dua]
sessenta e três	**enam puluh tiga**	[enam puluh tiga]
setenta	**tujuh puluh**	[tudʒiuh puluh]
setenta e um	**tujuh puluh satu**	[tudʒiuh puluh satu]
setenta e dois	**tujuh puluh dua**	[tudʒiuh puluh dua]
setenta e três	**tujuh puluh tiga**	[tudʒiuh puluh tiga]
oitenta	**delapan puluh**	[delapan puluh]
oitenta e um	**delapan puluh satu**	[delapan puluh satu]
oitenta e dois	**delapan puluh dua**	[delapan puluh dua]
oitenta e três	**delapan puluh tiga**	[delapan puluh tiga]
noventa	**sembilan puluh**	[sembilan puluh]
noventa e um	**sembulan puluh satu**	[sembulan puluh satu]
noventa e dois	**sembilan puluh dua**	[sembilan puluh dua]
noventa e três	**sembilan puluh tiga**	[sembilan puluh tiga]

8. Números cardinais. Parte 2

cem	**seratus**	[seratus]
duzentos	**dua ratus**	[dua ratus]
trezentos	**tiga ratus**	[tiga ratus]
quatrocentos	**empat ratus**	[empat ratus]
quinhentos	**lima ratus**	[lima ratus]
seiscentos	**enam ratus**	[enam ratus]
setecentos	**tujuh ratus**	[tudʒiuh ratus]
oitocentos	**delapan ratus**	[delapan ratus]
novecentos	**sembilan ratus**	[sembilan ratus]
mil	**seribu**	[seribu]
dois mil	**dua ribu**	[dua ribu]
três mil	**tiga ribu**	[tiga ribu]
dez mil	**sepuluh ribu**	[sepuluh ribu]
cem mil	**seratus ribu**	[seratus ribu]
um milhão	**juta**	[dʒiuta]
um bilhão	**miliar**	[miliar]

9. Números ordinais

primeiro (adj)	**pertama**	[pərtama]
segundo (adj)	**kedua**	[kedua]
terceiro (adj)	**ketiga**	[ketiga]
quarto (adj)	**keempat**	[keempat]
quinto (adj)	**kelima**	[kelima]
sexto (adj)	**keenam**	[keenam]
sétimo (adj)	**ketujuh**	[ketudʒiuh]
oitavo (adj)	**kedelapan**	[kedelapan]
nono (adj)	**kesembilan**	[kesembilan]
décimo (adj)	**kesepuluh**	[kesepuluh]

CORES. UNIDADES DE MEDIDA

10. Cores

cor (f)	warna	[warna]
tom (m)	nuansa	[nuansa]
tonalidade (m)	warna	[warna]
arco-íris (m)	pelangi	[pelaŋi]
branco (adj)	putih	[putih]
preto (adj)	hitam	[hitam]
cinza (adj)	kelabu	[kelabu]
verde (adj)	hijau	[hidʒⁱau]
amarelo (adj)	kuning	[kuniŋ]
vermelho (adj)	merah	[merah]
azul (adj)	biru	[biru]
azul claro (adj)	biru muda	[biru muda]
rosa (adj)	pink	[pinʔ]
laranja (adj)	oranye, jingga	[oranje], [dʒiŋga]
violeta (adj)	violet, ungu muda	[violet], [uŋu muda]
marrom (adj)	cokelat	[tʃokelat]
dourado (adj)	keemasan	[keemasan]
prateado (adj)	keperakan	[keperakan]
bege (adj)	abu-abu kecokelatan	[abu-abu ketʃokelatan]
creme (adj)	krem	[krem]
turquesa (adj)	pirus	[pirus]
vermelho cereja (adj)	merah tua	[merah tua]
lilás (adj)	ungu	[uŋu]
carmim (adj)	merah lembayung	[merah lembajuŋ]
claro (adj)	terang	[teraŋ]
escuro (adj)	gelap	[gelap]
vivo (adj)	terang	[teraŋ]
de cor	berwarna	[berwarna]
a cores	warna	[warna]
preto e branco (adj)	hitam-putih	[hitam-putih]
unicolor (de uma só cor)	polos, satu warna	[polos], [satu warna]
multicolor (adj)	berwarna-warni	[berwarna-warni]

11. Unidades de medida

| peso (m) | berat | [berat] |
| comprimento (m) | panjang | [pandʒⁱaŋ] |

largura (f)	lebar	[lebar]
altura (f)	ketinggian	[ketiŋgian]
profundidade (f)	kedalaman	[kedalaman]
volume (m)	volume, isi	[volume], [isi]
área (f)	luas	[luas]

grama (m)	gram	[gram]
miligrama (m)	miligram	[miligram]
quilograma (m)	kilogram	[kilogram]
tonelada (f)	ton	[ton]
libra (453,6 gramas)	pon	[pon]
onça (f)	ons	[ons]

metro (m)	meter	[meter]
milímetro (m)	milimeter	[milimeter]
centímetro (m)	sentimeter	[sentimeter]
quilômetro (m)	kilometer	[kilometer]
milha (f)	mil	[mil]

polegada (f)	inci	[intʃi]
pé (304,74 mm)	kaki	[kaki]
jarda (914,383 mm)	yard	[yard]

metro (m) quadrado	meter persegi	[meter pərsegi]
hectare (m)	hektar	[hektar]

litro (m)	liter	[liter]
grau (m)	derajat	[deradʒʲat]
volt (m)	volt	[volt]
ampère (m)	ampere	[ampere]
cavalo (m) de potência	tenaga kuda	[tenaga kuda]

quantidade (f)	kuantitas	[kuantitas]
um pouco de ...	sedikit ...	[sedikit ...]
metade (f)	setengah	[seteŋah]
dúzia (f)	lusin	[lusin]
peça (f)	buah	[buah]

tamanho (m), dimensão (f)	ukuran	[ukuran]
escala (f)	skala	[skala]

mínimo (adj)	minimal	[minimal]
menor, mais pequeno	terkecil	[tərketʃil]
médio (adj)	sedang	[sedaŋ]
máximo (adj)	maksimal	[maksimal]
maior, mais grande	terbesar	[tərbesar]

12. Recipientes

pote (m) de vidro	gelas	[gelas]
lata (~ de cerveja)	kaleng	[kaleŋ]
balde (m)	ember	[ember]
barril (m)	tong	[toŋ]
bacia (~ de plástico)	baskom	[baskom]

tanque (m)	**tangki**	[taŋki]
cantil (m) de bolso	**pelples**	[pelples]
galão (m) de gasolina	**jeriken**	[dʒⁱeriken]
cisterna (f)	**tangki**	[taŋki]
caneca (f)	**mangkuk**	[maŋkuʔ]
xícara (f)	**cangkir**	[tʃaŋkir]
pires (m)	**alas cangkir**	[alas tʃaŋkir]
copo (m)	**gelas**	[gelas]
taça (f) de vinho	**gelas anggur**	[gelas aŋgur]
panela (f)	**panci**	[pantʃi]
garrafa (f)	**botol**	[botol]
gargalo (m)	**leher**	[leher]
jarra (f)	**karaf**	[karaf]
jarro (m)	**kendi**	[kendi]
recipiente (m)	**wadah**	[wadah]
pote (m)	**pot**	[pot]
vaso (m)	**vas**	[vas]
frasco (~ de perfume)	**botol**	[botol]
frasquinho (m)	**botol kecil**	[botol ketʃil]
tubo (m)	**tabung**	[tabuŋ]
saco (ex. ~ de açúcar)	**karung**	[karuŋ]
sacola (~ plastica)	**kantong**	[kantoŋ]
maço (de cigarros, etc.)	**bungkus**	[buŋkus]
caixa (~ de sapatos, etc.)	**kotak, kardus**	[kotak], [kardus]
caixote (~ de madeira)	**kotak**	[kotaʔ]
cesto (m)	**bakul**	[bakul]

VERBOS PRINCIPAIS

13. Os verbos mais importantes. Parte 1

abrir (vt)	membuka	[membuka]
acabar, terminar (vt)	mengakhiri	[məŋahiri]
aconselhar (vt)	menasihati	[mənasihati]
adivinhar (vt)	menerka	[mənerka]
advertir (vt)	memperingatkan	[memperiŋatkan]
ajudar (vt)	membantu	[membantu]
almoçar (vi)	makan siang	[makan siaŋ]
alugar (~ um apartamento)	menyewa	[mənjewa]
amar (pessoa)	mencintai	[mənʧintaj]
ameaçar (vt)	mengancam	[mənanʧam]
anotar (escrever)	mencatat	[mənʧatat]
apressar-se (vr)	tergesa-gesa	[tərgesa-gesa]
arrepender-se (vr)	menyesal	[mənjesal]
assinar (vt)	menandatangani	[mənandataŋani]
brincar (vi)	bergurau	[bərgurau]
brincar, jogar (vi, vt)	bermain	[bərmajn]
buscar (vt)	mencari ...	[mənʧari ...]
caçar (vi)	berburu	[bərburu]
cair (vi)	jatuh	[ʤ'atuh]
cavar (vt)	menggali	[məŋgali]
chamar (~ por socorro)	memanggil	[memaŋgil]
chegar (vi)	datang	[dataŋ]
chorar (vi)	menangis	[mənaŋis]
começar (vt)	memulai, membuka	[memulaj], [membuka]
comparar (vt)	membandingkan	[membandiŋkan]
concordar (dizer "sim")	setuju	[setuʤ'u]
confiar (vt)	mempercayai	[memperʧajaj]
confundir (equivocar-se)	bingung membedakan	[biŋuŋ membedakan]
conhecer (vt)	kenal	[kenal]
contar (fazer contas)	menghitung	[məŋhituŋ]
contar com ...	mengharapkan ...	[məŋharapkan ...]
continuar (vt)	meneruskan	[məneruskan]
controlar (vt)	mengontrol	[məŋontrol]
convidar (vt)	mengundang	[məŋundaŋ]
correr (vi)	lari	[lari]
criar (vt)	menciptakan	[mənʧiptakan]
custar (vt)	berharga	[bərharga]

14. Os verbos mais importantes. Parte 2

dar (vt)	memberi	[memberi]
dar uma dica	memberi petunjuk	[memberi petundʒiu']
decorar (enfeitar)	menghiasi	[məŋhiasi]
defender (vt)	membela	[membela]
deixar cair (vt)	tercecer	[tərtʃetʃer]

descer (para baixo)	turun	[turun]
desculpar (vt)	memaafkan	[mema'afkan]
desculpar-se (vr)	meminta maaf	[meminta ma'af]
dirigir (~ uma empresa)	memimpin	[memimpin]
discutir (notícias, etc.)	membicarakan	[membitʃarakan]

disparar, atirar (vi)	menembak	[mənemba']
dizer (vt)	berkata	[bərkata]
duvidar (vt)	ragu-ragu	[ragu-ragu]
encontrar (achar)	menemukan	[mənemukan]
enganar (vt)	menipu	[mənipu]

entender (vt)	mengerti	[məŋerti]
entrar (na sala, etc.)	masuk, memasuki	[masuk], [memasuki]
enviar (uma carta)	mengirim	[məŋirim]
errar (enganar-se)	salah	[salah]
escolher (vt)	memilih	[memilih]

esconder (vt)	menyembunyikan	[mənjembunjikan]
escrever (vt)	menulis	[mənulis]
esperar (aguardar)	menunggu	[mənuŋgu]
esperar (ter esperança)	berharap	[bərharap]
esquecer (vt)	melupakan	[melupakan]

estar (vi)	sedang	[sedaŋ]
estudar (vt)	mempelajari	[mempeladʒiari]
exigir (vt)	menuntut	[mənuntut]
existir (vi)	ada	[ada]
explicar (vt)	menjelaskan	[məndʒielaskan]

falar (vi)	berbicara	[bərbitʃara]
faltar (a la escuela, etc.)	absen	[absen]
fazer (vt)	membuat	[membuat]
ficar em silêncio	diam	[diam]
gabar-se (vr)	membual	[membual]

gostar (apreciar)	suka	[suka]
gritar (vi)	berteriak	[bərteria']
guardar (fotos, etc.)	menyimpan	[mənjimpan]
informar (vt)	menginformasikan	[məŋinformasikan]
insistir (vi)	mendesak	[məndesa']

insultar (vt)	menghina	[məŋhina]
interessar-se (vr)	menaruh minat pada ...	[mənaruh minat pada ...]
ir (a pé)	berjalan	[bərdʒialan]
ir nadar	berenang	[bərenaŋ]
jantar (vi)	makan malam	[makan malam]

15. Os verbos mais importantes. Parte 3

ler (vt)	membaca	[membatʃa]
libertar, liberar (vt)	membebaskan	[membebaskan]
matar (vt)	membunuh	[membunuh]
mencionar (vt)	menyebut	[mənjebut]
mostrar (vt)	menunjukkan	[mənundʒʲuʔkan]
mudar (modificar)	mengubah	[məŋubah]
nadar (vi)	berenang	[bərenaŋ]
negar-se a ... (vr)	menolak	[mənolaʔ]
objetar (vt)	keberatan	[keberatan]
observar (vt)	mengamati	[məŋamati]
ordenar (mil.)	memerintahkan	[memerintahkan]
ouvir (vt)	mendengar	[məndeŋar]
pagar (vt)	membayar	[membajar]
parar (vi)	berhenti	[bərhenti]
parar, cessar (vt)	menghentikan	[məŋhentikan]
participar (vi)	turut serta	[turut serta]
pedir (comida, etc.)	memesan	[memesan]
pedir (um favor, etc.)	meminta	[meminta]
pegar (tomar)	mengambil	[məŋambil]
pegar (uma bola)	menangkap	[mənaŋkap]
pensar (vi, vt)	berpikir	[bərpikir]
perceber (ver)	memperhatikan	[memperhatikan]
perdoar (vt)	memaafkan	[memaʔafkan]
perguntar (vt)	bertanya	[bərtanja]
permitir (vt)	mengizinkan	[məŋizinkan]
pertencer a ... (vi)	kepunyaan ...	[kepunjaʔan ...]
planejar (vt)	merencanakan	[merentʃanakan]
poder (~ fazer algo)	bisa	[bisa]
possuir (uma casa, etc.)	memiliki	[memiliki]
preferir (vt)	lebih suka	[lebih suka]
preparar (vt)	memasak	[memasaʔ]
prever (vt)	menduga	[mənduga]
prometer (vt)	berjanji	[bərdʒʲandʒi]
pronunciar (vt)	melafalkan	[melafalkan]
propor (vt)	mengusulkan	[məŋusulkan]
punir (castigar)	menghukum	[məŋhukum]
quebrar (vt)	memecahkan	[memetʃahkan]
queixar-se de ...	mengeluh	[məŋeluh]
querer (desejar)	mau, ingin	[mau], [iŋin]

16. Os verbos mais importantes. Parte 4

ralhar, repreender (vt)	memarahi, menegur	[memarahi], [menegur]
recomendar (vt)	merekomendasi	[merekomendasi]

repetir (dizer outra vez)	mengulangi	[məŋulaŋi]
reservar (~ um quarto)	memesan	[memesan]
responder (vt)	menjawab	[məndʒawab]

rezar, orar (vi)	bersembahyang, berdoa	[bərsembahjaŋ], [bərdoa]
rir (vi)	tertawa	[tərtawa]
roubar (vt)	mencuri	[mənt͡ʃuri]
saber (vt)	tahu	[tahu]
sair (~ de casa)	keluar	[keluar]

salvar (resgatar)	menyelamatkan	[mənjelamatkan]
seguir (~ alguém)	mengikuti ...	[məŋikuti ...]
sentar-se (vr)	duduk	[dudu']
ser (vi)	ialah, adalah	[ialah], [adalah]
ser necessário	dibutuhkan	[dibutuhkan]

significar (vt)	berarti	[bərarti]
sorrir (vi)	tersenyum	[tərsenyum]
subestimar (vt)	meremehkan	[meremehkan]
surpreender-se (vr)	heran	[heran]

tentar (~ fazer)	mencoba	[mənt͡ʃoba]
ter (vt)	mempunyai	[mempunjaj]
ter fome	lapar	[lapar]

ter medo	takut	[takut]
ter sede	haus	[haus]
tocar (com as mãos)	menyentuh	[mənjentuh]
tomar café da manhã	sarapan	[sarapan]
trabalhar (vi)	bekerja	[bekerdʒa]
traduzir (vt)	menerjemahkan	[mənerdʒemahkan]

unir (vt)	menyatukan	[mənjatukan]
vender (vt)	menjual	[məndʒual]
ver (vt)	melihat	[melihat]
virar (~ para a direita)	membelok	[membelo']
voar (vi)	terbang	[tərbaŋ]

TEMPO. CALENDÁRIO

17. Dias da semana

segunda-feira (f)	Hari Senin	[hari senin]
terça-feira (f)	Hari Selasa	[hari selasa]
quarta-feira (f)	Hari Rabu	[hari rabu]
quinta-feira (f)	Hari Kamis	[hari kamis]
sexta-feira (f)	Hari Jumat	[hari dʒiumat]
sábado (m)	Hari Sabtu	[hari sabtu]
domingo (m)	Hari Minggu	[hari miŋgu]
hoje	hari ini	[hari ini]
amanhã	besok	[beso']
depois de amanhã	besok lusa	[beso' lusa]
ontem	kemarin	[kemarin]
anteontem	kemarin dulu	[kemarin dulu]
dia (m)	hari	[hari]
dia (m) de trabalho	hari kerja	[hari kerdʒia]
feriado (m)	hari libur	[hari libur]
dia (m) de folga	hari libur	[hari libur]
fim (m) de semana	akhir pekan	[ahir pekan]
o dia todo	seharian	[seharian]
no dia seguinte	hari berikutnya	[hari berikutnja]
há dois dias	dua hari lalu	[dua hari lalu]
na véspera	hari sebelumnya	[hari sebelumnja]
diário (adj)	harian	[harian]
todos os dias	tiap hari	[tiap hari]
semana (f)	minggu	[miŋgu]
na semana passada	minggu lalu	[miŋgu lalu]
semana que vem	minggu berikutnya	[miŋgu berikutnja]
semanal (adj)	mingguan	[miŋguan]
toda semana	tiap minggu	[tiap miŋgu]
duas vezes por semana	dua kali seminggu	[dua kali semiŋgu]
toda terça-feira	tiap Hari Selasa	[tiap hari selasa]

18. Horas. Dia e noite

manhã (f)	pagi	[pagi]
de manhã	pada pagi hari	[pada pagi hari]
meio-dia (m)	tengah hari	[teŋah hari]
à tarde	pada sore hari	[pada sore hari]
tardinha (f)	sore, malam	[sore], [malam]
à tardinha	waktu sore	[waktu sore]

noite (f)	malam	[malam]
à noite	pada malam hari	[pada malam hari]
meia-noite (f)	tengah malam	[teŋah malam]
segundo (m)	detik	[deti']
minuto (m)	menit	[menit]
hora (f)	jam	[dʒam]
meia hora (f)	setengah jam	[seteŋah dʒam]
quarto (m) de hora	seperempat jam	[seperempat dʒam]
quinze minutos	lima belas menit	[lima belas menit]
vinte e quatro horas	siang-malam	[siaŋ-malam]
nascer (m) do sol	matahari terbit	[matahari tərbit]
amanhecer (m)	subuh	[subuh]
madrugada (f)	dini pagi	[dini pagi]
pôr-do-sol (m)	matahari terbenam	[matahari tərbenam]
de madrugada	pagi-pagi	[pagi-pagi]
esta manhã	pagi ini	[pagi ini]
amanhã de manhã	besok pagi	[beso' pagi]
esta tarde	sore ini	[sore ini]
à tarde	pada sore hari	[pada sore hari]
amanhã à tarde	besok sore	[beso' sore]
esta noite, hoje à noite	sore ini	[sore ini]
amanhã à noite	besok malam	[beso' malam]
às três horas em ponto	pukul 3 tepat	[pukul tiga tepat]
por volta das quatro	sekitar pukul 4	[sekitar pukul empat]
às doze	pada pukul 12	[pada pukul belas]
em vinte minutos	dalam 20 menit	[dalam dua puluh menit]
em uma hora	dalam satu jam	[dalam satu dʒam]
a tempo	tepat waktu	[tepat waktu]
… um quarto para	… kurang seperempat	[… kuraŋ seperempat]
dentro de uma hora	selama sejam	[selama sedʒam]
a cada quinze minutos	tiap 15 menit	[tiap lima belas menit]
as vinte e quatro horas	siang-malam	[siaŋ-malam]

19. Meses. Estações

janeiro (m)	Januari	[dʒanuari]
fevereiro (m)	Februari	[februari]
março (m)	Maret	[maret]
abril (m)	April	[april]
maio (m)	Mei	[mei]
junho (m)	Juni	[dʒuni]
julho (m)	Juli	[dʒuli]
agosto (m)	Augustus	[augustus]
setembro (m)	September	[september]
outubro (m)	Oktober	[oktober]

novembro (m)	November	[november]
dezembro (m)	Desember	[desember]
primavera (f)	musim semi	[musim semi]
na primavera	pada musim semi	[pada musim semi]
primaveril (adj)	musim semi	[musim semi]
verão (m)	musim panas	[musim panas]
no verão	pada musim panas	[pada musim panas]
de verão	musim panas	[musim panas]
outono (m)	musim gugur	[musim gugur]
no outono	pada musim gugur	[pada musim gugur]
outonal (adj)	musim gugur	[musim gugur]
inverno (m)	musim dingin	[musim diŋin]
no inverno	pada musim dingin	[pada musim diŋin]
de inverno	musim dingin	[musim diŋin]
mês (m)	bulan	[bulan]
este mês	bulan ini	[bulan ini]
mês que vem	bulan depan	[bulan depan]
no mês passado	bulan lalu	[bulan lalu]
um mês atrás	sebulan lalu	[sebulan lalu]
em um mês	dalam satu bulan	[dalam satu bulan]
em dois meses	dalam 2 bulan	[dalam dua bulan]
todo o mês	sepanjang bulan	[sepandʒ'aŋ bulan]
um mês inteiro	sebulan penuh	[sebulan penuh]
mensal (adj)	bulanan	[bulanan]
mensalmente	tiap bulan	[tiap bulan]
todo mês	tiap bulan	[tiap bulan]
duas vezes por mês	dua kali sebulan	[dua kali sebulan]
ano (m)	tahun	[tahun]
este ano	tahun ini	[tahun ini]
ano que vem	tahun depan	[tahun depan]
no ano passado	tahun lalu	[tahun lalu]
há um ano	setahun lalu	[setahun lalu]
em um ano	dalam satu tahun	[dalam satu tahun]
dentro de dois anos	dalam 2 tahun	[dalam dua tahun]
todo o ano	sepanjang tahun	[sepandʒ'aŋ tahun]
um ano inteiro	setahun penuh	[setahun penuh]
cada ano	tiap tahun	[tiap tahun]
anual (adj)	tahunan	[tahunan]
anualmente	tiap tahun	[tiap tahun]
quatro vezes por ano	empat kali setahun	[empat kali setahun]
data (~ de hoje)	tanggal	[taŋgal]
data (ex. ~ de nascimento)	tanggal	[taŋgal]
calendário (m)	kalender	[kalender]
meio ano	setengah tahun	[seteŋah tahun]
seis meses	enam bulan	[enam bulan]

estação (f)	**musim**	[musim]
século (m)	**abad**	[abad]

VIAGENS. HOTEL

20. Viagens

turismo (m)	pariwisata	[pariwisata]
turista (m)	turis, wisatawan	[turis], [wisatawan]
viagem (f)	pengembaraan	[peŋembara'an]
aventura (f)	petualangan	[petualaŋan]
percurso (curta viagem)	perjalanan, lawatan	[pərdʒʲalanan], [lawatan]

férias (f pl)	liburan	[liburan]
estar de férias	berlibur	[bərlibur]
descanso (m)	istirahat	[istirahat]

trem (m)	kereta api	[kereta api]
de trem (chegar ~)	naik kereta api	[nai' kereta api]
avião (m)	pesawat terbang	[pesawat tərbaŋ]
de avião	naik pesawat terbang	[nai' pesawat tərbaŋ]
de carro	naik mobil	[nai' mobil]
de navio	naik kapal	[nai' kapal]

bagagem (f)	bagasi	[bagasi]
mala (f)	koper	[koper]
carrinho (m)	troli bagasi	[troli bagasi]

passaporte (m)	paspor	[paspor]
visto (m)	visa	[visa]
passagem (f)	tiket	[tiket]
passagem (f) aérea	tiket pesawat terbang	[tiket pesawat tərbaŋ]

guia (m) de viagem	buku pedoman	[buku pedoman]
mapa (m)	peta	[peta]
área (f)	kawasan	[kawasan]
lugar (m)	tempat	[tempat]

exotismo (m)	keeksotisan	[keeksotisan]
exótico (adj)	eksotis	[eksotis]
surpreendente (adj)	menakjubkan	[mənakdʒʲubkan]

grupo (m)	kelompok	[kelompo']
excursão (f)	ekskursi	[ekskursi]
guia (m)	pemandu wisata	[pemandu wisata]

21. Hotel

hotel (m), hospedaria (f)	hotel	[hotel]
motel (m)	motel	[motel]
três estrelas	bintang tiga	[bintaŋ tiga]

| cinco estrelas | bintang lima | [bintaŋ lima] |
| ficar (vi, vt) | menginap | [məɲinap] |

quarto (m)	kamar	[kamar]
quarto (m) individual	kamar tunggal	[kamar tuŋgal]
quarto (m) duplo	kamar ganda	[kamar ganda]
reservar um quarto	memesan kamar	[memesan kamar]

| meia pensão (f) | sewa setengah | [sewa seteŋah] |
| pensão (f) completa | sewa penuh | [sewa penuh] |

com banheira	dengan kamar mandi	[deŋan kamar mandi]
com chuveiro	dengan pancuran	[deŋan pantʃuran]
televisão (m) por satélite	televisi satelit	[televisi satelit]
ar (m) condicionado	penyejuk udara	[penjedʒ'u' udara]
toalha (f)	handuk	[handu']
chave (f)	kunci	[kuntʃi]

administrador (m)	administrator	[administrator]
camareira (f)	pelayan kamar	[pelajan kamar]
bagageiro (m)	porter	[porter]
porteiro (m)	pramupintu	[pramupintu]

restaurante (m)	restoran	[restoran]
bar (m)	bar	[bar]
café (m) da manhã	makan pagi, sarapan	[makan pagi], [sarapan]
jantar (m)	makan malam	[makan malam]
bufê (m)	prasmanan	[prasmanan]

| saguão (m) | lobi | [lobi] |
| elevador (m) | elevator | [elevator] |

| NÃO PERTURBE | JANGAN MENGGANGGU | [dʒ'aŋan məŋgaŋgu] |
| PROIBIDO FUMAR! | DILARANG MEROKOK! | [dilaraŋ meroko'!] |

22. Turismo

monumento (m)	monumen, patung	[monumen], [patuŋ]
fortaleza (f)	benteng	[benteŋ]
palácio (m)	istana	[istana]
castelo (m)	kastil	[kastil]
torre (f)	menara	[mənara]
mausoléu (m)	mausoleum	[mausoleum]

arquitetura (f)	arsitektur	[arsitektur]
medieval (adj)	abad pertengahan	[abad pərteŋahan]
antigo (adj)	kuno	[kuno]
nacional (adj)	nasional	[nasional]
famoso, conhecido (adj)	terkenal	[tərkenal]

turista (m)	turis, wisatawan	[turis], [wisatawan]
guia (pessoa)	pemandu wisata	[pemandu wisata]
excursão (f)	ekskursi	[ekskursi]
mostrar (vt)	menunjukkan	[mənundʒ'u'kan]

contar (vt)	menceritakan	[mənʧeritakan]
encontrar (vt)	mendapatkan	[məndapatkan]
perder-se (vr)	tersesat	[tərsesat]
mapa (~ do metrô)	denah	[denah]
mapa (~ da cidade)	peta	[peta]
lembrança (f), presente (m)	suvenir	[suvenir]
loja (f) de presentes	toko suvenir	[toko suvenir]
tirar fotos, fotografar	memotret	[memotret]
fotografar-se (vr)	berfoto	[bərfoto]

TRANSPORTES

23. Aeroporto

aeroporto (m)	bandara	[bandara]
avião (m)	pesawat terbang	[pesawat tərbaŋ]
companhia (f) aérea	maskapai penerbangan	[maskapaj penerbaŋan]
controlador (m) de tráfego aéreo	pengawas lalu lintas udara	[peŋawas lalu lintas udara]
partida (f)	keberangkatan	[keberaŋkatan]
chegada (f)	kedatangan	[kedataŋan]
chegar (vi)	datang	[dataŋ]
hora (f) de partida	waktu keberangkatan	[waktu keberaŋkatan]
hora (f) de chegada	waktu kedatangan	[waktu kedataŋan]
estar atrasado	terlambat	[tərlambat]
atraso (m) de voo	penundaan penerbangan	[penunda'an penerbaŋan]
painel (m) de informação	papan informasi	[papan informasi]
informação (f)	informasi	[informasi]
anunciar (vt)	mengumumkan	[məŋumumkan]
voo (m)	penerbangan	[penerbaŋan]
alfândega (f)	pabean	[pabean]
funcionário (m) da alfândega	petugas pabean	[petugas pabean]
declaração (f) alfandegária	pernyataan pabean	[pərnjata'an pabean]
preencher (vt)	mengisi	[məɲisi]
preencher a declaração	mengisi formulir bea cukai	[məɲisi formulir bea ʧukaj]
controle (m) de passaporte	pemeriksaan paspor	[pemeriksa'an paspor]
bagagem (f)	bagasi	[bagasi]
bagagem (f) de mão	jinjingan	[dʒindʒiŋan]
carrinho (m)	troli bagasi	[troli bagasi]
pouso (m)	pendaratan	[pendaratan]
pista (f) de pouso	jalur pendaratan	[dʒ'alur pendaratan]
aterrissar (vi)	mendarat	[məndarat]
escada (f) de avião	tangga pesawat	[taŋga pesawat]
check-in (m)	check-in	[ʧekin]
balcão (m) do check-in	meja check-in	[medʒ'a ʧekin]
fazer o check-in	check-in	[ʧekin]
cartão (m) de embarque	kartu pas	[kartu pas]
portão (m) de embarque	gerbang keberangkatan	[gerbaŋ keberaŋkatan]
trânsito (m)	transit	[transit]
esperar (vi, vt)	menunggu	[mənuŋgu]

sala (f) de espera	ruang tunggu	[ruaŋ tuŋgu]
despedir-se (acompanhar)	mengantar	[məŋantar]
despedir-se (dizer adeus)	berpamitan	[bərpamitan]

24. Avião

avião (m)	pesawat terbang	[pesawat tərbaŋ]
passagem (f) aérea	tiket pesawat terbang	[tiket pesawat tərbaŋ]
companhia (f) aérea	maskapai penerbangan	[maskapaj penerbaŋan]
aeroporto (m)	bandara	[bandara]
supersônico (adj)	supersonik	[supersoni']

comandante (m) do avião	kapten	[kapten]
tripulação (f)	awak	[awa']
piloto (m)	pilot	[pilot]
aeromoça (f)	pramugari	[pramugari]
copiloto (m)	navigator, penavigasi	[navigator], [penavigasi]

asas (f pl)	sayap	[sajap]
cauda (f)	ekor	[ekor]
cabine (f)	kokpit	[kokpit]
motor (m)	mesin	[mesin]

| trem (m) de pouso | roda pendarat | [roda pendarat] |
| turbina (f) | turbin | [turbin] |

| hélice (f) | baling-baling | [baliŋ-baliŋ] |
| caixa-preta (f) | kotak hitam | [kota' hitam] |

| coluna (f) de controle | kemudi | [kemudi] |
| combustível (m) | bahan bakar | [bahan bakar] |

instruções (f pl) de segurança	instruksi keselamatan	[instruksi keselamatan]
máscara (f) de oxigênio	masker oksigen	[masker oksigen]
uniforme (m)	seragam	[seragam]

| colete (m) salva-vidas | jaket pelampung | [dʒʲaket pelampuŋ] |
| paraquedas (m) | parasut | [parasut] |

decolagem (f)	lepas landas	[lepas landas]
descolar (vi)	bertolak	[bərtola']
pista (f) de decolagem	jalur lepas landas	[dʒʲalur lepas landas]

| visibilidade (f) | visibilitas, pandangan | [visibilitas], [pandaŋan] |
| voo (m) | penerbangan | [penerbaŋan] |

| altura (f) | ketinggian | [ketiŋgian] |
| poço (m) de ar | lubang udara | [lubaŋ udara] |

assento (m)	tempat duduk	[tempat dudu']
fone (m) de ouvido	headphone, fonkepala	[headphone], [fonkepala]
mesa (f) retrátil	meja lipat	[medʒʲa lipat]
janela (f)	jendela pesawat	[dʒʲendela pesawat]
corredor (m)	lorong	[loroŋ]

25. Comboio

trem (m)	kereta api	[kereta api]
trem (m) elétrico	kereta api listrik	[kereta api listri']
trem (m)	kereta api cepat	[kereta api ʧepat]
locomotiva (f) diesel	lokomotif diesel	[lokomotif disel]
locomotiva (f) a vapor	lokomotif uap	[lokomotif uap]
vagão (f) de passageiros	gerbong penumpang	[gerboŋ penumpaŋ]
vagão-restaurante (m)	gerbong makan	[gerboŋ makan]
carris (m pl)	rel	[rel]
estrada (f) de ferro	rel kereta api	[rel kereta api]
travessa (f)	bantalan rel	[bantalan rel]
plataforma (f)	platform	[platform]
linha (f)	jalur	[dʒ'alur]
semáforo (m)	semafor	[semafor]
estação (f)	stasiun	[stasiun]
maquinista (m)	masinis	[masinis]
bagageiro (m)	porter	[porter]
hospedeiro, -a (m, f)	kondektur	[kondektur]
passageiro (m)	penumpang	[penumpaŋ]
revisor (m)	kondektur	[kondektur]
corredor (m)	koridor	[koridor]
freio (m) de emergência	rem darurat	[rem darurat]
compartimento (m)	kabin	[kabin]
cama (f)	bangku	[baŋku]
cama (f) de cima	bangku atas	[baŋku atas]
cama (f) de baixo	bangku bawah	[baŋku bawah]
roupa (f) de cama	kain kasur	[kain kasur]
passagem (f)	tiket	[tiket]
horário (m)	jadwal	[dʒ'adwal]
painel (m) de informação	layar informasi	[lajar informasi]
partir (vt)	berangkat	[beraŋkat]
partida (f)	keberangkatan	[keberaŋkatan]
chegar (vi)	datang	[dataŋ]
chegada (f)	kedatangan	[kedataŋan]
chegar de trem	datang naik kereta api	[dataŋ naj' kereta api]
pegar o trem	naik ke kereta	[nai' ke kereta]
descer de trem	turun dari kereta	[turun dari kereta]
acidente (m) ferroviário	kecelakaan kereta	[keʧelaka'an kereta]
descarrilar (vi)	keluar rel	[keluar rel]
locomotiva (f) a vapor	lokomotif uap	[lokomotif uap]
foguista (m)	juru api	[dʒ'uru api]
fornalha (f)	tungku	[tuŋku]
carvão (m)	batu bara	[batu bara]

26. Barco

navio (m)	kapal	[kapal]
embarcação (f)	kapal	[kapal]

barco (m) a vapor	kapal uap	[kapal uap]
barco (m) fluvial	kapal api	[kapal api]
transatlântico (m)	kapal laut	[kapal laut]
cruzeiro (m)	kapal penjelajah	[kapal pendʒʲeladʒʲah]

iate (m)	perahu pesiar	[pərahu pesiar]
rebocador (m)	kapal tunda	[kapal tunda]
barcaça (f)	tongkang	[toŋkaŋ]
ferry (m)	feri	[feri]

veleiro (m)	kapal layar	[kapal lajar]
bergantim (m)	kapal brigantin	[kapal brigantin]

quebra-gelo (m)	kapal pemecah es	[kapal pemetʃah es]
submarino (m)	kapal selam	[kapal selam]

bote, barco (m)	perahu	[pərahu]
baleeira (bote salva-vidas)	sekoci	[sekotʃi]
bote (m) salva-vidas	sekoci penyelamat	[sekotʃi penjelamat]
lancha (f)	perahu motor	[pərahu motor]

capitão (m)	kapten	[kapten]
marinheiro (m)	kelasi	[kelasi]
marujo (m)	pelaut	[pelaut]
tripulação (f)	awak	[awaʔ]

contramestre (m)	bosman, bosun	[bosman], [bosun]
grumete (m)	kadet laut	[kadet laut]
cozinheiro (m) de bordo	koki	[koki]
médico (m) de bordo	dokter kapal	[dokter kapal]

convés (m)	dek	[deʔ]
mastro (m)	tiang	[tiaŋ]
vela (f)	layar	[lajar]

porão (m)	lambung kapal	[lambuŋ kapal]
proa (f)	haluan	[haluan]
popa (f)	buritan	[buritan]
remo (m)	dayung	[dajuŋ]
hélice (f)	baling-baling	[baliŋ-baliŋ]

cabine (m)	kabin	[kabin]
sala (f) dos oficiais	ruang rekreasi	[ruaŋ rekreasi]
sala (f) das máquinas	ruang mesin	[ruaŋ mesin]
ponte (m) de comando	anjungan kapal	[andʒʲuŋan kapal]
sala (f) de comunicações	ruang radio	[ruaŋ radio]
onda (f)	gelombang radio	[gelombaŋ radio]
diário (m) de bordo	buku harian kapal	[buku harian kapal]
luneta (f)	teropong	[teropoŋ]
sino (m)	lonceng	[lontʃeŋ]

bandeira (f)	**bendera**	[bendera]
cabo (m)	**tali**	[tali]
nó (m)	**simpul**	[simpul]

corrimão (m)	**pegangan**	[peganan]
prancha (f) de embarque	**tangga kapal**	[tanga kapal]

âncora (f)	**jangkar**	[dʒˈankar]
recolher a âncora	**mengangkat jangkar**	[mənankat dʒˈankar]
jogar a âncora	**menjatuhkan jangkar**	[məndʒˈatuhkan dʒˈankar]
amarra (corrente de âncora)	**rantai jangkar**	[rantaj dʒˈankar]

porto (m)	**pelabuhan**	[pelabuhan]
cais, amarradouro (m)	**dermaga**	[dermaga]
atracar (vi)	**merapat**	[merapat]
desatracar (vi)	**bertolak**	[bərtolaʔ]

viagem (f)	**pengembaraan**	[penembaraʔan]
cruzeiro (m)	**pesiar**	[pesiar]
rumo (m)	**haluan**	[haluan]
itinerário (m)	**rute**	[rute]

banco (m) de areia	**beting**	[betiŋ]
encalhar (vt)	**kandas**	[kandas]

tempestade (f)	**badai**	[badaj]
sinal (m)	**sinyal**	[sinjal]
afundar-se (vr)	**tenggelam**	[tengelam]
Homem ao mar!	**Orang hanyut!**	[oran hanyut!]
SOS	**SOS**	[es-o-es]
boia (f) salva-vidas	**pelampung penyelamat**	[pelampuŋ penjelamat]

CIDADE

27. Transportes urbanos

ônibus (m)	bus	[bus]
bonde (m) elétrico	trem	[trem]
trólebus (m)	bus listrik	[bus listriʔ]
rota (f), itinerário (m)	trayek	[traeʔ]
número (m)	nomor	[nomor]
ir de ... (carro, etc.)	naik ...	[naiʔ ...]
entrar no ...	naik	[naiʔ]
descer do ...	turun ...	[turun ...]
parada (f)	halte, pemberhentian	[halte], [pemberhentian]
próxima parada (f)	halte berikutnya	[halte berikutnja]
terminal (m)	halte terakhir	[halte terahir]
horário (m)	jadwal	[dʒʲadwal]
esperar (vt)	menunggu	[menuŋgu]
passagem (f)	tiket	[tiket]
tarifa (f)	harga karcis	[harga kartʃis]
bilheteiro (m)	kasir	[kasir]
controle (m) de passagens	pemeriksaan tiket	[pemeriksaʔan tiket]
revisor (m)	kondektur	[kondektur]
atrasar-se (vr)	terlambat ...	[terlambat ...]
perder (o autocarro, etc.)	ketinggalan	[ketiŋgalan]
estar com pressa	tergesa-gesa	[tergesa-gesa]
táxi (m)	taksi	[taksi]
taxista (m)	sopir taksi	[sopir taksi]
de táxi (ir ~)	naik taksi	[naiʔ taksi]
ponto (m) de táxis	pangkalan taksi	[paŋkalan taksi]
chamar um táxi	memanggil taksi	[memaŋgil taksi]
pegar um táxi	menaiki taksi	[menajki taksi]
tráfego (m)	lalu lintas	[lalu lintas]
engarrafamento (m)	kemacetan lalu lintas	[kematʃetan lalu lintas]
horas (f pl) de pico	jam sibuk	[dʒʲam sibuʔ]
estacionar (vi)	parkir	[parkir]
estacionar (vt)	memarkir	[memarkir]
parque (m) de estacionamento	tempat parkir	[tempat parkir]
metrô (m)	kereta api bawah tanah	[kereta api bawah tanah]
estação (f)	stasiun	[stasiun]
ir de metrô	naik kereta api bawah tanah	[naiʔ kereta api bawah tanah]
trem (m)	kereta api	[kereta api]
estação (f) de trem	stasiun kereta api	[stasiun kereta api]

28. Cidade. Vida na cidade

cidade (f)	kota	[kota]
capital (f)	ibu kota	[ibu kota]
aldeia (f)	desa	[desa]
mapa (m) da cidade	peta kota	[peta kota]
centro (m) da cidade	pusat kota	[pusat kota]
subúrbio (m)	pinggir kota	[piŋgir kota]
suburbano (adj)	pinggir kota	[piŋgir kota]
periferia (f)	pinggir	[piŋgir]
arredores (m pl)	daerah sekitarnya	[daerah sekitarnja]
quarteirão (m)	blok	[bloʔ]
quarteirão (m) residencial	blok perumahan	[bloʔ perumahan]
tráfego (m)	lalu lintas	[lalu lintas]
semáforo (m)	lampu lalu lintas	[lampu lalu lintas]
transporte (m) público	angkot	[aŋkot]
cruzamento (m)	persimpangan	[pərsimpaŋan]
faixa (f)	penyeberangan	[penjeberaŋan]
túnel (m) subterrâneo	terowongan penyeberangan	[tərowoŋan penjeberaŋan]
cruzar, atravessar (vt)	menyeberang	[mənjeberaŋ]
pedestre (m)	pejalan kaki	[pedʒ'alan kaki]
calçada (f)	trotoar	[trotoar]
ponte (f)	jembatan	[dʒ'embatan]
margem (f) do rio	tepi sungai	[tepi suŋaj]
fonte (f)	air mancur	[air manʧur]
alameda (f)	jalan kecil	[dʒ'alan keʧil]
parque (m)	taman	[taman]
bulevar (m)	bulevar, adimarga	[bulevar], [adimarga]
praça (f)	lapangan	[lapaŋan]
avenida (f)	jalan raya	[dʒ'alan raja]
rua (f)	jalan	[dʒ'alan]
travessa (f)	gang	[gaŋ]
beco (m) sem saída	jalan buntu	[dʒ'alan buntu]
casa (f)	rumah	[rumah]
edifício, prédio (m)	gedung	[geduŋ]
arranha-céu (m)	pencakar langit	[penʧakar laŋit]
fachada (f)	bagian depan	[bagian depan]
telhado (m)	atap	[atap]
janela (f)	jendela	[dʒ'endela]
arco (m)	lengkungan	[leŋkuŋan]
coluna (f)	pilar	[pilar]
esquina (f)	sudut	[sudut]
vitrine (f)	etalase	[etalase]
letreiro (m)	papan nama	[papan nama]
cartaz (do filme, etc.)	poster	[poster]

| cartaz (m) publicitário | poster iklan | [poster iklan] |
| painel (m) publicitário | papan iklan | [papan iklan] |

lixo (m)	sampah	[sampah]
lata (f) de lixo	tong sampah	[toŋ sampah]
jogar lixo na rua	menyampah	[mənjampah]
aterro (m) sanitário	tempat pemrosesan akhir (TPA)	[tempat pemrosesan ahir]

orelhão (m)	gardu telepon umum	[gardu telepon umum]
poste (m) de luz	tiang lampu	[tiaŋ lampu]
banco (m)	bangku	[baŋku]

polícia (m)	polisi	[polisi]
polícia (instituição)	polisi, kepolisian	[polisi], [kepolisian]
mendigo, pedinte (m)	pengemis	[peŋemis]
desabrigado (m)	tuna wisma	[tuna wisma]

29. Instituições urbanas

loja (f)	toko	[toko]
drogaria (f)	apotek, toko obat	[apotek], [toko obat]
ótica (f)	optik	[opti']
centro (m) comercial	toserba	[toserba]
supermercado (m)	pasar swalayan	[pasar swalajan]

padaria (f)	toko roti	[toko roti]
padeiro (m)	pembuat roti	[pembuat roti]
pastelaria (f)	toko kue	[toko kue]
mercearia (f)	toko pangan	[toko paŋan]
açougue (m)	toko daging	[toko dagiŋ]

| fruteira (f) | toko sayur | [toko sajur] |
| mercado (m) | pasar | [pasar] |

cafeteria (f)	warung kopi	[waruŋ kopi]
restaurante (m)	restoran	[restoran]
bar (m)	kedai bir	[kedaj bir]
pizzaria (f)	kedai piza	[kedaj piza]

salão (m) de cabeleireiro	salon rambut	[salon rambut]
agência (f) dos correios	kantor pos	[kantor pos]
lavanderia (f)	penatu kimia	[penatu kimia]
estúdio (m) fotográfico	studio foto	[studio foto]

sapataria (f)	toko sepatu	[toko sepatu]
livraria (f)	toko buku	[toko buku]
loja (f) de artigos esportivos	toko alat olahraga	[toko alat olahraga]

costureira (m)	reparasi pakaian	[reparasi pakajan]
aluguel (m) de roupa	rental pakaian	[rental pakajan]
videolocadora (f)	rental film	[rental film]
circo (m)	sirkus	[sirkus]
jardim (m) zoológico	kebun binatang	[kebun binataŋ]

cinema (m)	bioskop	[bioskop]
museu (m)	museum	[museum]
biblioteca (f)	perpustakaan	[pərpustakaˀan]
teatro (m)	teater	[teater]
ópera (f)	opera	[opera]
boate (casa noturna)	klub malam	[klub malam]
cassino (m)	kasino	[kasino]
mesquita (f)	masjid	[masdʒid]
sinagoga (f)	sinagoga, kanisah	[sinagoga], [kanisah]
catedral (f)	katedral	[katedral]
templo (m)	kuil, candi	[kuil], [tʃandi]
igreja (f)	gereja	[geredʒʲa]
faculdade (f)	institut, perguruan tinggi	[institut], [pərguruan tiŋgi]
universidade (f)	universitas	[universitas]
escola (f)	sekolah	[sekolah]
prefeitura (f)	prefektur, distrik	[prefektur], [distriˀ]
câmara (f) municipal	balai kota	[balaj kota]
hotel (m)	hotel	[hotel]
banco (m)	bank	[banˀ]
embaixada (f)	kedutaan besar	[kedutaˀan besar]
agência (f) de viagens	kantor pariwisata	[kantor pariwisata]
agência (f) de informações	kantor penerangan	[kantor peneraŋan]
casa (f) de câmbio	kantor penukaran uang	[kantor penukaran uaŋ]
metrô (m)	kereta api bawah tanah	[kereta api bawah tanah]
hospital (m)	rumah sakit	[rumah sakit]
posto (m) de gasolina	SPBU, stasiun bensin	[es-pe-be-u], [stasjun bensin]
parque (m) de estacionamento	tempat parkir	[tempat parkir]

30. Sinais

letreiro (m)	papan nama	[papan nama]
aviso (m)	tulisan	[tulisan]
cartaz, pôster (m)	poster	[poster]
placa (f) de direção	penunjuk arah	[penundʒʲuˀ arah]
seta (f)	anak panah	[anaˀ panah]
aviso (advertência)	peringatan	[pəriŋatan]
sinal (m) de aviso	tanda peringatan	[tanda pəriŋatan]
avisar, advertir (vt)	memperingatkan	[memperiŋatkan]
dia (m) de folga	hari libur	[hari libur]
horário (~ dos trens, etc.)	jadwal	[dʒʲadwal]
horário (m)	jam buka	[dʒʲam buka]
BEM-VINDOS!	SELAMAT DATANG!	[selamat dataŋ!]
ENTRADA	MASUK	[masuˀ]
SAÍDA	KELUAR	[keluar]

EMPURRE	DORONG	[doroŋ]
PUXE	TARIK	[tariʔ]
ABERTO	BUKA	[buka]
FECHADO	TUTUP	[tutup]

| MULHER | WANITA | [wanita] |
| HOMEM | PRIA | [pria] |

DESCONTOS	DISKON	[diskon]
SALDOS, PROMOÇÃO	OBRAL	[obral]
NOVIDADE!	BARU!	[baru!]
GRÁTIS	GRATIS	[gratis]

ATENÇÃO!	PERHATIAN!	[pərhatian!]
NÃO HÁ VAGAS	PENUH	[penuh]
RESERVADO	DIRESERVASI	[direservasi]

| ADMINISTRAÇÃO | ADMINISTRASI | [administrasi] |
| SOMENTE PESSOAL AUTORIZADO | KHUSUS STAF | [husus staf] |

CUIDADO CÃO FEROZ	AWAS, ANJING GALAK!	[awas], [andʒiŋ galaʔ!]
PROIBIDO FUMAR!	DILARANG MEROKOK!	[dilaraŋ merokoʔ!]
NÃO TOCAR	JANGAN SENTUH!	[dʒlaŋan sentuh!]

PERIGOSO	BERBAHAYA	[bərbahaja]
PERIGO	BAHAYA	[bahaja]
ALTA TENSÃO	TEGANGAN TINGGI	[tegaŋan tiŋgi]
PROIBIDO NADAR	DILARANG BERENANG!	[dilaraŋ bərenaŋ!]
COM DEFEITO	RUSAK	[rusaʔ]

INFLAMÁVEL	BAHAN MUDAH TERBAKAR	[bahan mudah tərbakar]
PROIBIDO	DILARANG	[dilaraŋ]
ENTRADA PROIBIDA	DILARANG MASUK!	[dilaraŋ masuʔ!]
CUIDADO TINTA FRESCA	AWAS CAT BASAH	[awas tʃat basah]

31. Compras

comprar (vt)	membeli	[membeli]
compra (f)	belanjaan	[belandʒiaʔan]
fazer compras	berbelanja	[bərbelandʒia]
compras (f pl)	berbelanja	[bərbelandʒia]

| estar aberta (loja) | buka | [buka] |
| estar fechada | tutup | [tutup] |

calçado (m)	sepatu	[sepatu]
roupa (f)	pakaian	[pakajan]
cosméticos (m pl)	kosmetik	[kosmetiʔ]
alimentos (m pl)	produk makanan	[produʔ makanan]
presente (m)	hadiah	[hadiah]
vendedor (m)	pramuniaga	[pramuniaga]
vendedora (f)	pramuniaga perempuan	[pramuniaga pərempuan]

caixa (f)	kas	[kas]
espelho (m)	cermin	[ʧermin]
balcão (m)	konter	[konter]
provador (m)	kamar pas	[kamar pas]

provar (vt)	mengepas	[məŋepas]
servir (roupa, caber)	pas, cocok	[pas], [ʧoʧoʔ]
gostar (apreciar)	suka	[suka]

preço (m)	harga	[harga]
etiqueta (f) de preço	label harga	[label harga]
custar (vt)	berharga	[bərharga]
Quanto?	Berapa?	[bərapa?]
desconto (m)	diskon	[diskon]

não caro (adj)	tidak mahal	[tida' mahal]
barato (adj)	murah	[murah]
caro (adj)	mahal	[mahal]
É caro	Ini mahal	[ini mahal]

aluguel (m)	rental, persewaan	[rental], [pərsewa'an]
alugar (roupas, etc.)	menyewa	[mənjewa]
crédito (m)	kredit	[kredit]
a crédito	secara kredit	[seʧara kredit]

VESTUÁRIO & ACESSÓRIOS

32. Roupa exterior. Casacos

roupa (f)	pakaian	[pakajan]
roupa (f) exterior	pakaian luar	[pakajan luar]
roupa (f) de inverno	pakaian musim dingin	[pakajan musim diŋin]
sobretudo (m)	mantel	[mantel]
casaco (m) de pele	mantel bulu	[mantel bulu]
jaqueta (f) de pele	jaket bulu	[dʒiaket bulu]
casaco (m) acolchoado	jaket bulu halus	[dʒiaket bulu halus]
casaco (m), jaqueta (f)	jaket	[dʒiaket]
impermeável (m)	jas hujan	[dʒias hudʒian]
a prova d'água	kedap air	[kedap air]

33. Vestuário de homem & mulher

camisa (f)	kemeja	[kemedʒia]
calça (f)	celana	[tʃelana]
jeans (m)	celana jins	[tʃelana dʒins]
paletó, terno (m)	jas	[dʒias]
terno (m)	setelan	[setelan]
vestido (ex. ~ de noiva)	gaun	[gaun]
saia (f)	rok	[ro']
blusa (f)	blus	[blus]
casaco (m) de malha	jaket wol	[dʒiaket wol]
casaco, blazer (m)	jaket	[dʒiaket]
camiseta (f)	baju kaus	[badʒiu kaus]
short (m)	celana pendek	[tʃelana pende']
training (m)	pakaian olahraga	[pakajan olahraga]
roupão (m) de banho	jubah mandi	[dʒiubah mandi]
pijama (m)	piyama	[piyama]
suéter (m)	sweter	[sweter]
pulôver (m)	pulover	[pulover]
colete (m)	rompi	[rompi]
fraque (m)	jas berbuntut	[dʒias bərbuntut]
smoking (m)	jas malam	[dʒias malam]
uniforme (m)	seragam	[seragam]
roupa (f) de trabalho	pakaian kerja	[pakajan kerdʒia]
macacão (m)	baju monyet	[badʒiu monjet]
jaleco (m), bata (f)	jas	[dʒias]

34. Vestuário. Roupa interior

roupa (f) íntima	pakaian dalam	[pakajan dalam]
cueca boxer (f)	celana dalam lelaki	[ʧelana dalam lelaki]
calcinha (f)	celana dalam wanita	[ʧelana dalam wanita]
camiseta (f)	singlet	[siŋlet]
meias (f pl)	kaus kaki	[kaus kaki]
camisola (f)	baju tidur	[badʒʲu tidur]
sutiã (m)	beha	[beha]
meias longas (f pl)	kaus kaki selutut	[kaus kaki selutut]
meias-calças (f pl)	pantihos	[pantihos]
meias (~ de nylon)	kaus kaki panjang	[kaus kaki pandʒʲaŋ]
maiô (m)	baju renang	[badʒʲu renaŋ]

35. Adereços de cabeça

chapéu (m), touca (f)	topi	[topi]
chapéu (m) de feltro	topi bulat	[topi bulat]
boné (m) de beisebol	topi bisbol	[topi bisbol]
boina (~ italiana)	topi pet	[topi pet]
boina (ex. ~ basca)	baret	[baret]
capuz (m)	kerudung kepala	[keruduŋ kepala]
chapéu panamá (m)	topi panama	[topi panama]
touca (f)	topi rajut	[topi radʒʲut]
lenço (m)	tudung kepala	[tuduŋ kepala]
chapéu (m) feminino	topi wanita	[topi wanita]
capacete (m) de proteção	topi baja	[topi badʒʲa]
bibico (m)	topi lipat	[topi lipat]
capacete (m)	helm	[helm]
chapéu-coco (m)	topi bulat	[topi bulat]
cartola (f)	topi tinggi	[topi tiŋgi]

36. Calçado

calçado (m)	sepatu	[sepatu]
botinas (f pl), sapatos (m pl)	sepatu bot	[sepatu bot]
sapatos (de salto alto, etc.)	sepatu wanita	[sepatu wanita]
botas (f pl)	sepatu lars	[sepatu lars]
pantufas (f pl)	pantofel	[pantofel]
tênis (~ Nike, etc.)	sepatu tenis	[sepatu tenis]
tênis (~ Converse)	sepatu kets	[sepatu kets]
sandálias (f pl)	sandal	[sandal]
sapateiro (m)	tukang sepatu	[tukaŋ sepatu]
salto (m)	tumit	[tumit]

par (m)	sepasang	[sepasaŋ]
cadarço (m)	tali sepatu	[tali sepatu]
amarrar os cadarços	mengikat tali	[məŋikat tali]
calçadeira (f)	sendok sepatu	[sendo' sepatu]
graxa (f) para calçado	semir sepatu	[semir sepatu]

37. Acessórios pessoais

luva (f)	sarung tangan	[saruŋ taŋan]
mitenes (f pl)	sarung tangan	[saruŋ taŋan]
cachecol (m)	selendang	[selendaŋ]

óculos (m pl)	kacamata	[katʃamata]
armação (f)	bingkai	[biŋkaj]
guarda-chuva (m)	payung	[pajuŋ]
bengala (f)	tongkat jalan	[toŋkat dʒˈalan]
escova (f) para o cabelo	sikat rambut	[sikat rambut]
leque (m)	kipas	[kipas]

gravata (f)	dasi	[dasi]
gravata-borboleta (f)	dasi kupu-kupu	[dasi kupu-kupu]
suspensórios (m pl)	bretel	[bretel]
lenço (m)	sapu tangan	[sapu taŋan]

pente (m)	sisir	[sisir]
fivela (f) para cabelo	jepit rambut	[dʒˈepit rambut]
grampo (m)	harnal	[harnal]
fivela (f)	gesper	[gesper]

cinto (m)	sabuk	[sabu']
alça (f) de ombro	tali tas	[tali tas]

bolsa (f)	tas	[tas]
bolsa (feminina)	tas tangan	[tas taŋan]
mochila (f)	ransel	[ransel]

38. Vestuário. Diversos

moda (f)	mode	[mode]
na moda (adj)	modis	[modis]
estilista (m)	perancang busana	[pərantʃaŋ busana]

colarinho (m)	kerah	[kerah]
bolso (m)	saku	[saku]
de bolso	saku	[saku]
manga (f)	lengan	[leŋan]
ganchinho (m)	tali kait	[tali kait]
bragueta (f)	golbi	[golbi]

zíper (m)	ritsleting	[ritsletiŋ]
colchete (m)	kancing	[kantʃiŋ]
botão (m)	kancing	[kantʃiŋ]

| botoeira (casa de botão) | lubang kancing | [luban kantʃin] |
| soltar-se (vr) | terlepas | [tərlepas] |

costurar (vi)	menjahit	[məndʒʲahit]
bordar (vt)	membordir	[membordir]
bordado (m)	bordiran	[bordiran]
agulha (f)	jarum	[dʒʲarum]
fio, linha (f)	benang	[benaŋ]
costura (f)	setik	[setiʔ]

sujar-se (vr)	kena kotor	[kena kotor]
mancha (f)	bercak	[bertʃaʔ]
amarrotar-se (vr)	kumal	[kumal]
rasgar (vt)	merobek	[merobeʔ]
traça (f)	ngengat	[ŋeŋat]

39. Cuidados pessoais. Cosméticos

pasta (f) de dente	pasta gigi	[pasta gigi]
escova (f) de dente	sikat gigi	[sikat gigi]
escovar os dentes	menggosok gigi	[məŋgosoʔ gigi]

gilete (f)	pisau cukur	[pisau tʃukur]
creme (m) de barbear	krim cukur	[krim tʃukur]
barbear-se (vr)	bercukur	[bərtʃukur]

| sabonete (m) | sabun | [sabun] |
| xampu (m) | sampo | [sampo] |

tesoura (f)	gunting	[guntiŋ]
lixa (f) de unhas	kikir kuku	[kikir kuku]
corta-unhas (m)	pemotong kuku	[pemotoŋ kuku]
pinça (f)	pinset	[pinset]

cosméticos (m pl)	kosmetik	[kosmetiʔ]
máscara (f)	masker	[masker]
manicure (f)	manikur	[manikur]
fazer as unhas	melakukan manikur	[melakukan manikur]
pedicure (f)	pedi	[pedi]

bolsa (f) de maquiagem	tas kosmetik	[tas kosmetiʔ]
pó (de arroz)	bedak	[bedaʔ]
pó (m) compacto	kotak bedak	[kotaʔ bedaʔ]
blush (m)	perona pipi	[pərona pipi]

perfume (m)	parfum	[parfum]
água-de-colônia (f)	minyak wangi	[minjaʔ waŋi]
loção (f)	losion	[losjon]
colônia (f)	kolonye	[kolone]

sombra (f) de olhos	pewarna mata	[pewarna mata]
delineador (m)	pensil alis	[pensil alis]
máscara (f), rímel (m)	celak	[tʃelaʔ]
batom (m)	lipstik	[lipstiʔ]

esmalte (m)	kuteks, cat kuku	[kuteks], [ʧat kuku]
laquê (m), spray fixador (m)	semprotan rambut	[semprotan rambut]
desodorante (m)	deodoran	[deodoran]

creme (m)	krim	[krim]
creme (m) de rosto	krim wajah	[krim wadʒ'ah]
creme (m) de mãos	krim tangan	[krim taŋan]
creme (m) antirrugas	krim antikerut	[krim antikerut]
creme (m) de dia	krim siang	[krim siaŋ]
creme (m) de noite	krim malam	[krim malam]
de dia	siang	[siaŋ]
da noite	malam	[malam]

absorvente (m) interno	tampon	[tampon]
papel (m) higiênico	kertas toilet	[kertas toylet]
secador (m) de cabelo	pengering rambut	[peŋeriŋ rambut]

40. Relógios de pulso. Relógios

relógio (m) de pulso	arloji	[arlodʒi]
mostrador (m)	piringan jam	[piriŋan dʒ'am]
ponteiro (m)	jarum	[dʒ'arum]
bracelete (em aço)	rantai arloji	[rantaj arlodʒi]
bracelete (em couro)	tali arloji	[tali arlodʒi]

pilha (f)	baterai	[bateraj]
acabar (vi)	mati	[mati]
trocar a pilha	mengganti baterai	[meŋganti bateraj]
estar adiantado	cepat	[ʧepat]
estar atrasado	terlambat	[terlambat]

relógio (m) de parede	jam dinding	[dʒ'am dindiŋ]
ampulheta (f)	jam pasir	[dʒ'am pasir]
relógio (m) de sol	jam matahari	[dʒ'am matahari]
despertador (m)	weker	[weker]
relojoeiro (m)	tukang jam	[tukaŋ dʒ'am]
reparar (vt)	mereparasi, memperbaiki	[mereparasi], [memperbajki]

EXPERIÊNCIA DO QUOTIDIANO

41. Dinheiro

dinheiro (m)	uang	[uaŋ]
câmbio (m)	pertukaran mata uang	[pərtukaran mata uaŋ]
taxa (f) de câmbio	nilai tukar	[nilaj tukar]
caixa (m) eletrônico	Anjungan Tunai Mandiri, ATM	[andʒʲuŋan tunaj mandiri], [a-te-em]
moeda (f)	koin	[koin]
dólar (m)	dolar	[dolar]
euro (m)	euro	[euro]
lira (f)	lira	[lira]
marco (m)	Mark Jerman	[marʔ dʒʲerman]
franco (m)	franc	[franʧ]
libra (f) esterlina	poundsterling	[paundsterliŋ]
iene (m)	yen	[yen]
dívida (f)	utang	[utaŋ]
devedor (m)	pengutang	[peŋutaŋ]
emprestar (vt)	meminjamkan	[memindʒʲamkan]
pedir emprestado	meminjam	[memindʒʲam]
banco (m)	bank	[banʔ]
conta (f)	rekening	[rekeniŋ]
depositar (vt)	memasukkan	[memasuʔkan]
depositar na conta	memasukkan ke rekening	[memasuʔkan ke rekeniŋ]
sacar (vt)	menarik uang	[mənariʔ uaŋ]
cartão (m) de crédito	kartu kredit	[kartu kredit]
dinheiro (m) vivo	uang kontan, uang tunai	[uaŋ kontan], [uaŋ tunaj]
cheque (m)	cek	[ʧeʔ]
passar um cheque	menulis cek	[mənulis ʧeʔ]
talão (m) de cheques	buku cek	[buku ʧeʔ]
carteira (f)	dompet	[dompet]
niqueleira (f)	dompet, pundi-pundi	[dompet], [pundi-pundi]
cofre (m)	brankas	[brankas]
herdeiro (m)	pewaris	[pewaris]
herança (f)	warisan	[warisan]
fortuna (riqueza)	kekayaan	[kekajaʔan]
arrendamento (m)	sewa	[sewa]
aluguel (pagar o ~)	uang sewa	[uaŋ sewa]
alugar (vt)	menyewa	[mənjewa]
preço (m)	harga	[harga]
custo (m)	harga	[harga]

soma (f)	jumlah	[dʒ'umlah]
gastar (vt)	menghabiskan	[məŋhabiskan]
gastos (m pl)	ongkos	[oŋkos]
economizar (vi)	menghemat	[məŋhemat]
econômico (adj)	hemat	[hemat]
pagar (vt)	membayar	[membajar]
pagamento (m)	pembayaran	[pembajaran]
troco (m)	kembalian	[kembalian]
imposto (m)	pajak	[padʒ'a']
multa (f)	denda	[denda]
multar (vt)	mendenda	[məndenda]

42. Correios. Serviço postal

agência (f) dos correios	kantor pos	[kantor pos]
correio (m)	surat	[surat]
carteiro (m)	tukang pos	[tukaŋ pos]
horário (m)	jam buka	[dʒ'am buka]
carta (f)	surat	[surat]
carta (f) registada	surat tercatat	[surat tərʧatat]
cartão (m) postal	kartu pos	[kartu pos]
telegrama (m)	telegram	[telegram]
encomenda (f)	parsel, paket pos	[parsel], [paket pos]
transferência (f) de dinheiro	wesel pos	[wesel pos]
receber (vt)	menerima	[mənerima]
enviar (vt)	mengirim	[məŋirim]
envio (m)	pengiriman	[peŋiriman]
endereço (m)	alamat	[alamat]
código (m) postal	kode pos	[kode pos]
remetente (m)	pengirim	[peŋirim]
destinatário (m)	penerima	[penerima]
nome (m)	nama	[nama]
sobrenome (m)	nama keluarga	[nama keluarga]
tarifa (f)	tarif	[tarif]
ordinário (adj)	biasa, standar	[biasa], [standar]
econômico (adj)	ekonomis	[ekonomis]
peso (m)	berat	[berat]
pesar (estabelecer o peso)	menimbang	[mənimbaŋ]
envelope (m)	amplop	[amplop]
selo (m) postal	prangko	[praŋko]
colar o selo	menempelkan prangko	[mənempelkan praŋko]

43. Banca

banco (m)	bank	[ban']
balcão (f)	cabang	[ʧabaŋ]

consultor (m) bancário	konsultan	[konsultan]
gerente (m)	manajer	[manadʒʲer]
conta (f)	rekening	[rekeniŋ]
número (m) da conta	nomor rekening	[nomor rekeniŋ]
conta (f) corrente	rekening koran	[rekeniŋ koran]
conta (f) poupança	rekening simpanan	[rekeniŋ simpanan]
abrir uma conta	membuka rekening	[membuka rekeniŋ]
fechar uma conta	menutup rekening	[mənutup rekeniŋ]
depositar na conta	memasukkan ke rekening	[memasuʔkan ke rekeniŋ]
sacar (vt)	menarik uang	[mənariʔ uaŋ]
depósito (m)	deposito	[deposito]
fazer um depósito	melakukan setoran	[melakukan setoran]
transferência (f) bancária	transfer kawat	[transfer kawat]
transferir (vt)	mentransfer	[məntransfer]
soma (f)	jumlah	[dʒʲumlah]
Quanto?	Berapa?	[bərapa?]
assinatura (f)	tanda tangan	[tanda taŋan]
assinar (vt)	menandatangani	[mənandataŋani]
cartão (m) de crédito	kartu kredit	[kartu kredit]
senha (f)	kode	[kode]
número (m) do cartão de crédito	nomor kartu kredit	[nomor kartu kredit]
caixa (m) eletrônico	Anjungan Tunai Mandiri, ATM	[andʒʲuŋan tunaj mandiri], [a-te-em]
cheque (m)	cek	[tʃeʔ]
passar um cheque	menulis cek	[mənulis tʃeʔ]
talão (m) de cheques	buku cek	[buku tʃeʔ]
empréstimo (m)	kredit, pinjaman	[kredit], [pindʒʲaman]
pedir um empréstimo	meminta kredit	[meminta kredit]
obter empréstimo	mendapatkan kredit	[məndapatkan kredit]
dar um empréstimo	memberikan kredit	[memberikan kredit]
garantia (f)	jaminan	[dʒʲaminan]

44. Telefone. Conversação telefônica

telefone (m)	telepon	[telepon]
celular (m)	ponsel	[ponsel]
secretária (f) eletrônica	mesin penjawab panggilan	[mesin pendʒʲawab paŋgilan]
fazer uma chamada	menelepon	[mənelepon]
chamada (f)	panggilan telepon	[paŋgilan telepon]
discar um número	memutar nomor telepon	[memutar nomor telepon]
Alô!	Halo!	[halo!]
perguntar (vt)	bertanya	[bərtanja]
responder (vt)	menjawab	[məndʒʲawab]

ouvir (vt)	mendengar	[məndeŋar]
bem	baik	[baj']
mal	buruk, jelek	[buruk], [dʒʲeleʔ]
ruído (m)	bising, gangguan	[bisiŋ], [gaŋguan]

fone (m)	gagang	[gagaŋ]
pegar o telefone	mengangkat telepon	[məŋaŋkat telepon]
desligar (vi)	menutup telepon	[mənutup telepon]

ocupado (adj)	sibuk	[sibuʔ]
tocar (vi)	berdering	[bərderiŋ]
lista (f) telefônica	buku telepon	[buku telepon]

local (adj)	lokal	[lokal]
chamada (f) local	panggilan lokal	[paŋgilan lokal]
de longa distância	interlokal	[interlokal]
chamada (f) de longa distância	panggilan interlokal	[paŋgilan interlokal]
internacional (adj)	internasional	[internasional]
chamada (f) internacional	panggilan internasional	[paŋgilan internasional]

45. Telefone móvel

celular (m)	ponsel	[ponsel]
tela (f)	layar	[lajar]
botão (m)	kenop	[kenop]
cartão SIM (m)	kartu SIM	[kartu sim]

bateria (f)	baterai	[bateraj]
descarregar-se (vr)	mati	[mati]
carregador (m)	pengisi baterai, pengecas	[peɲisi bateraj], [peɲetʃas]

menu (m)	menu	[menu]
configurações (f pl)	penyetelan	[penjetelan]
melodia (f)	nada panggil	[nada paŋgil]
escolher (vt)	memilih	[memilih]

calculadora (f)	kalkulator	[kalkulator]
correio (m) de voz	penjawab telepon	[pendʒʲawab telepon]
despertador (m)	weker	[weker]
contatos (m pl)	buku telepon	[buku telepon]

| mensagem (f) de texto | pesan singkat | [pesan siŋkat] |
| assinante (m) | pelanggan | [pelaŋgan] |

46. Estacionário

| caneta (f) | bolpen | [bolpen] |
| caneta (f) tinteiro | pena celup | [pena tʃelup] |

| lápis (m) | pensil | [pensil] |
| marcador (m) de texto | spidol | [spidol] |

caneta (f) hidrográfica	spidol	[spidol]
bloco (m) de notas	buku catatan	[buku t͡ʃatatan]
agenda (f)	agenda	[agenda]

régua (f)	mistar, penggaris	[mistar], [peŋgaris]
calculadora (f)	kalkulator	[kalkulator]
borracha (f)	karet penghapus	[karet peŋhapus]
alfinete (m)	paku payung	[paku pajuŋ]
clipe (m)	penjepit kertas	[pend͡ʒi̯epit kertas]

cola (f)	lem	[lem]
grampeador (m)	stapler	[stapler]
furador (m) de papel	alat pelubang kertas	[alat pelubaŋ kertas]
apontador (m)	rautan pensil	[rautan pensil]

47. Línguas estrangeiras

língua (f)	bahasa	[bahasa]
estrangeiro (adj)	asing	[asiŋ]
língua (f) estrangeira	bahasa asing	[bahasa asiŋ]
estudar (vt)	mempelajari	[mempelad͡ʒi̯ari]
aprender (vt)	belajar	[belad͡ʒi̯ar]

ler (vt)	membaca	[membat͡ʃa]
falar (vi)	berbicara	[bərbit͡ʃara]
entender (vt)	mengerti	[məŋerti]
escrever (vt)	menulis	[mənulis]

rapidamente	cepat, fasih	[t͡ʃepat], [fasih]
devagar, lentamente	perlahan-lahan	[pərlahan-lahan]
fluentemente	fasih	[fasih]

regras (f pl)	peraturan	[pəraturan]
gramática (f)	tatabahasa	[tatabahasa]
vocabulário (m)	kosakata	[kosakata]
fonética (f)	fonetik	[foneti7]

livro (m) didático	buku pelajaran	[buku pelad͡ʒi̯aran]
dicionário (m)	kamus	[kamus]
manual (m) autodidático	buku autodidak	[buku autodida7]
guia (m) de conversação	panduan percakapan	[panduan pərt͡ʃakapan]

fita (f) cassete	kaset	[kaset]
videoteipe (m)	kaset video	[kaset video]
CD (m)	cakram kompak	[t͡ʃakram kompa7]
DVD (m)	cakram DVD	[t͡ʃakram di-vi-di]

alfabeto (m)	alfabet, abjad	[alfabet], [abd͡ʒi̯ad]
soletrar (vt)	mengeja	[məŋed͡ʒi̯a]
pronúncia (f)	pelafalan	[pelafalan]

sotaque (m)	aksen	[aksen]
com sotaque	dengan aksen	[deŋan aksen]
sem sotaque	tanpa aksen	[tanpa aksen]

| palavra (f) | kata | [kata] |
| sentido (m) | arti | [arti] |

curso (m)	kursus	[kursus]
inscrever-se (vr)	Mendaftar	[məndaftar]
professor (m)	guru	[guru]

tradução (processo)	penerjemahan	[penerdʒʲemahan]
tradução (texto)	terjemahan	[tərdʒʲemahan]
tradutor (m)	penerjemah	[penerdʒʲemah]
intérprete (m)	juru bahasa	[dʒʲuru bahasa]

| poliglota (m) | poliglot | [poliglot] |
| memória (f) | memori, daya ingat | [memori], [daja iŋat] |

REFEIÇÕES. RESTAURANTE

48. Por a mesa

colher (f)	sendok	[sendoʔ]
faca (f)	pisau	[pisau]
garfo (m)	garpu	[garpu]
xícara (f)	cangkir	[ʧaŋkir]
prato (m)	piring	[piriŋ]
pires (m)	alas cangkir	[alas ʧaŋkir]
guardanapo (m)	serbet	[serbet]
palito (m)	tusuk gigi	[tusuʔ gigi]

49. Restaurante

restaurante (m)	restoran	[restoran]
cafeteria (f)	warung kopi	[waruŋ kopi]
bar (m), cervejaria (f)	bar	[bar]
salão (m) de chá	warung teh	[waruŋ teh]
garçom (m)	pelayan lelaki	[pelajan lelaki]
garçonete (f)	pelayan perempuan	[pelajan pərempuan]
barman (m)	pelayan bar	[pelajan bar]
cardápio (m)	menu	[menu]
lista (f) de vinhos	daftar anggur	[daftar aŋgur]
reservar uma mesa	memesan meja	[memesan medʒia]
prato (m)	masakan, hidangan	[masakan], [hidaŋan]
pedir (vt)	memesan	[memesan]
fazer o pedido	memesan	[memesan]
aperitivo (m)	aperitif	[aperitif]
entrada (f)	makanan ringan	[makanan riŋan]
sobremesa (f)	hidangan penutup	[hidaŋan penutup]
conta (f)	bon	[bon]
pagar a conta	membayar bon	[membajar bon]
dar o troco	memberikan uang kembalian	[memberikan uaŋ kembalian]
gorjeta (f)	tip	[tip]

50. Refeições

comida (f)	makanan	[makanan]
comer (vt)	makan	[makan]

café (m) da manhã	makan pagi, sarapan	[makan pagi], [sarapan]
tomar café da manhã	sarapan	[sarapan]
almoço (m)	makan siang	[makan siaŋ]
almoçar (vi)	makan siang	[makan siaŋ]
jantar (m)	makan malam	[makan malam]
jantar (vi)	makan malam	[makan malam]
apetite (m)	nafsu makan	[nafsu makan]
Bom apetite!	Selamat makan!	[selamat makan!]
abrir (~ uma lata, etc.)	membuka	[membuka]
derramar (~ líquido)	menumpahkan	[mənumpahkan]
ferver (vi)	mendidih	[məndidih]
ferver (vt)	mendidihkan	[məndidihkan]
fervido (adj)	masak	[masaˀ]
esfriar (vt)	mendinginkan	[məndiŋinkan]
esfriar-se (vr)	mendingin	[məndiŋin]
sabor, gosto (m)	rasa	[rasa]
fim (m) de boca	nuansa rasa	[nuansa rasa]
emagrecer (vi)	berdiet	[berdiet]
dieta (f)	diet, pola makan	[diet], [pola makan]
vitamina (f)	vitamin	[vitamin]
caloria (f)	kalori	[kalori]
vegetariano (m)	vegetarian	[vegetarian]
vegetariano (adj)	vegetarian	[vegetarian]
gorduras (f pl)	lemak	[lemaˀ]
proteínas (f pl)	protein	[protein]
carboidratos (m pl)	karbohidrat	[karbohidrat]
fatia (~ de limão, etc.)	irisan	[irisan]
pedaço (~ de bolo)	potongan	[potoŋan]
migalha (f), farelo (m)	remah	[remah]

51. Pratos cozinhados

prato (m)	masakan, hidangan	[masakan], [hidaŋan]
cozinha (~ portuguesa)	masakan	[masakan]
receita (f)	resep	[resep]
porção (f)	porsi	[porsi]
salada (f)	salada	[salada]
sopa (f)	sup	[sup]
caldo (m)	kaldu	[kaldu]
sanduíche (m)	roti lapis	[roti lapis]
ovos (m pl) fritos	telur mata sapi	[telur mata sapi]
hambúrguer (m)	hamburger	[hamburger]
bife (m)	bistik	[bistiˀ]
acompanhamento (m)	lauk	[lauˀ]

espaguete (m)	spageti	[spageti]
purê (m) de batata	kentang tumbuk	[kentaŋ tumbuʔ]
pizza (f)	piza	[piza]
mingau (m)	bubur	[bubur]
omelete (f)	telur dadar	[telur dadar]

fervido (adj)	rebus	[rebus]
defumado (adj)	asap	[asap]
frito (adj)	goreng	[goreŋ]
seco (adj)	kering	[keriŋ]
congelado (adj)	beku	[beku]
em conserva (adj)	marinade	[marinade]

doce (adj)	manis	[manis]
salgado (adj)	asin	[asin]
frio (adj)	dingin	[diŋin]
quente (adj)	panas	[panas]
amargo (adj)	pahit	[pahit]
gostoso (adj)	enak	[enaʔ]

cozinhar em água fervente	merebus	[merebus]
preparar (vt)	memasak	[memasaʔ]
fritar (vt)	menggoreng	[məŋgoreŋ]
aquecer (vt)	memanaskan	[memanaskan]

salgar (vt)	menggarami	[məŋgarami]
apimentar (vt)	membubuh merica	[membubuh meritʃa]
ralar (vt)	memarut	[memarut]
casca (f)	kulit	[kulit]
descascar (vt)	mengupas	[məŋupas]

52. Comida

carne (f)	daging	[dagiŋ]
galinha (f)	ayam	[ajam]
frango (m)	anak ayam	[anaʔ ajam]
pato (m)	bebek	[bebeʔ]
ganso (m)	angsa	[aŋsa]
caça (f)	binatang buruan	[binataŋ buruan]
peru (m)	kalkun	[kalkun]

carne (f) de porco	daging babi	[dagiŋ babi]
carne (f) de vitela	daging anak sapi	[dagiŋ anaʔ sapi]
carne (f) de carneiro	daging domba	[dagiŋ domba]
carne (f) de vaca	daging sapi	[dagiŋ sapi]
carne (f) de coelho	kelinci	[kelintʃi]

linguiça (f), salsichão (m)	sosis	[sosis]
salsicha (f)	sosis	[sosis]
bacon (m)	bakon	[beykon]
presunto (m)	ham, daging kornet	[ham], [dagiŋ kornet]
pernil (m) de porco	ham	[ham]
patê (m)	pasta	[pasta]
fígado (m)	hati	[hati]

| guisado (m) | daging giling | [dagiŋ giliŋ] |
| língua (f) | lidah | [lidah] |

ovo (m)	telur	[telur]
ovos (m pl)	telur	[telur]
clara (f) de ovo	putih telur	[putih telur]
gema (f) de ovo	kuning telur	[kuniŋ telur]

peixe (m)	ikan	[ikan]
mariscos (m pl)	makanan laut	[makanan laut]
crustáceos (m pl)	krustasea	[krustasea]
caviar (m)	caviar	[kaviar]

caranguejo (m)	kepiting	[kepitiŋ]
camarão (m)	udang	[udaŋ]
ostra (f)	tiram	[tiram]
lagosta (f)	lobster berduri	[lobster berduri]
polvo (m)	gurita	[gurita]
lula (f)	cumi-cumi	[ʧumi-ʧumi]

esturjão (m)	ikan sturgeon	[ikan sturdʒen]
salmão (m)	salmon	[salmon]
halibute (m)	ikan turbot	[ikan turbot]

bacalhau (m)	ikan kod	[ikan kod]
cavala, sarda (f)	ikan kembung	[ikan kembuŋ]
atum (m)	tuna	[tuna]
enguia (f)	belut	[belut]

truta (f)	ikan forel	[ikan forel]
sardinha (f)	sarden	[sarden]
lúcio (m)	ikan pike	[ikan paik]
arenque (m)	ikan haring	[ikan hariŋ]

pão (m)	roti	[roti]
queijo (m)	keju	[kedʒu]
açúcar (m)	gula	[gula]
sal (m)	garam	[garam]

arroz (m)	beras, nasi	[beras], [nasi]
massas (f pl)	makaroni	[makaroni]
talharim, miojo (m)	mi	[mi]

manteiga (f)	mentega	[mentega]
óleo (m) vegetal	minyak nabati	[minja' nabati]
óleo (m) de girassol	minyak bunga matahari	[minja' buŋa matahari]
margarina (f)	margarin	[margarin]

| azeitonas (f pl) | buah zaitun | [buah zajtun] |
| azeite (m) | minyak zaitun | [minja' zajtun] |

leite (m)	susu	[susu]
leite (m) condensado	susu kental	[susu kental]
iogurte (m)	yogurt	[yogurt]
creme (m) azedo	krim asam	[krim asam]
creme (m) de leite	krim, kepala susu	[krim], [kepala susu]

| maionese (f) | mayones | [majones] |
| creme (m) | krim | [krim] |

grãos (m pl) de cereais	menir	[menir]
farinha (f)	tepung	[tepuŋ]
enlatados (m pl)	makanan kalengan	[makanan kaleŋan]

flocos (m pl) de milho	emping jagung	[empiŋ ʤ̑agun]
mel (m)	madu	[madu]
geleia (m)	selai	[selaj]
chiclete (m)	permen karet	[pərmen karet]

53. Bebidas

água (f)	air	[air]
água (f) potável	air minum	[air minum]
água (f) mineral	air mineral	[air mineral]

sem gás (adj)	tanpa gas	[tanpa gas]
gaseificada (adj)	berkarbonasi	[bərkarbonasi]
com gás	bergas	[bərgas]
gelo (m)	es	[es]
com gelo	dengan es	[deŋan es]

não alcoólico (adj)	tanpa alkohol	[tanpa alkohol]
refrigerante (m)	minuman ringan	[minuman riŋan]
refresco (m)	minuman penygar	[minuman penigar]
limonada (f)	limun	[limun]

bebidas (f pl) alcoólicas	minoman beralkohol	[minoman bəralkohol]
vinho (m)	anggur	[aŋgur]
vinho (m) branco	anggur putih	[aŋgur putih]
vinho (m) tinto	anggur merah	[aŋgur merah]

licor (m)	likeur	[likeur]
champanhe (m)	sampanye	[sampanje]
vermute (m)	vermouth	[vermut]

uísque (m)	wiski	[wiski]
vodca (f)	vodka	[vodka]
gim (m)	jin, jenewer	[ʤ̑in], [ʤ̑enewer]
conhaque (m)	konyak	[konjaʔ]
rum (m)	rum	[rum]

café (m)	kopi	[kopi]
café (m) preto	kopi pahit	[kopi pahit]
café (m) com leite	kopi susu	[kopi susu]
cappuccino (m)	cappuccino	[kaputʃino]
café (m) solúvel	kopi instan	[kopi instan]

leite (m)	susu	[susu]
coquetel (m)	koktail	[koktajl]
batida (f), milkshake (m)	susu kocok	[susu kotʃoʔ]
suco (m)	jus	[ʤ̑us]

suco (m) de tomate	jus tomat	[dʒˈus tomat]
suco (m) de laranja	jus jeruk	[dʒˈus dʒˈeruʔ]
suco (m) fresco	jus peras	[dʒˈus pəras]

cerveja (f)	bir	[bir]
cerveja (f) clara	bir putih	[bir putih]
cerveja (f) preta	bir hitam	[bir hitam]

chá (m)	teh	[teh]
chá (m) preto	teh hitam	[teh hitam]
chá (m) verde	teh hijau	[teh hidʒˈau]

54. Vegetais

| vegetais (m pl) | sayuran | [sajuran] |
| verdura (f) | sayuran hijau | [sajuran hidʒˈau] |

tomate (m)	tomat	[tomat]
pepino (m)	mentimun, ketimun	[məntimun], [ketimun]
cenoura (f)	wortel	[wortel]
batata (f)	kentang	[kentaŋ]
cebola (f)	bawang	[bawaŋ]
alho (m)	bawang putih	[bawaŋ putih]

| couve (f) | kol | [kol] |
| couve-flor (f) | kembang kol | [kembaŋ kol] |

| couve-de-bruxelas (f) | kol Brussels | [kol brusels] |
| brócolis (m pl) | brokoli | [brokoli] |

beterraba (f)	ubi bit merah	[ubi bit merah]
berinjela (f)	terung, terong	[teruŋ], [teroŋ]
abobrinha (f)	labu siam	[labu siam]

| abóbora (f) | labu | [labu] |
| nabo (m) | turnip | [turnip] |

salsa (f)	peterseli	[peterseli]
endro, aneto (m)	adas sowa	[adas sowa]
alface (f)	selada	[selada]
aipo (m)	seledri	[seledri]

| aspargo (m) | asparagus | [asparagus] |
| espinafre (m) | bayam | [bajam] |

| ervilha (f) | kacang polong | [katʃaŋ poloŋ] |
| feijão (~ soja, etc.) | kacang-kacangan | [katʃaŋ-katʃaŋan] |

| milho (m) | jagung | [dʒˈaguŋ] |
| feijão (m) roxo | kacang buncis | [katʃaŋ buntʃis] |

pimentão (m)	cabai	[tʃabaj]
rabanete (m)	radis	[radis]
alcachofra (f)	artisyok	[artiʃoʔ]

55. Frutos. Nozes

fruta (f)	buah	[buah]
maçã (f)	apel	[apel]
pera (f)	pir	[pir]
limão (m)	jeruk sitrun	[dʒ'eruʔ sitrun]
laranja (f)	jeruk manis	[dʒ'eruʔ manis]
morango (m)	stroberi	[stroberi]
tangerina (f)	jeruk mandarin	[dʒ'eruʔ mandarin]
ameixa (f)	plum	[plum]
pêssego (m)	persik	[persiʔ]
damasco (m)	aprikot	[aprikot]
framboesa (f)	buah frambus	[buah frambus]
abacaxi (m)	nanas	[nanas]
banana (f)	pisang	[pisaŋ]
melancia (f)	semangka	[semaŋka]
uva (f)	buah anggur	[buah aŋgur]
ginja (f)	buah ceri asam	[buah ʧeri asam]
cereja (f)	buah ceri manis	[buah ʧeri manis]
melão (m)	melon	[melon]
toranja (f)	jeruk Bali	[dʒ'eruʔ bali]
abacate (m)	avokad	[avokad]
mamão (m)	pepaya	[pepaja]
manga (f)	mangga	[maŋga]
romã (f)	buah delima	[buah delima]
groselha (f) vermelha	redcurrant	[redkaren]
groselha (f) negra	blackcurrant	[bleʔkaren]
groselha (f) espinhosa	buah arbei hijau	[buah arbei hidʒ'au]
mirtilo (m)	buah bilberi	[buah bilberi]
amora (f) silvestre	beri hitam	[beri hitam]
passa (f)	kismis	[kismis]
figo (m)	buah ara	[buah ara]
tâmara (f)	buah kurma	[buah kurma]
amendoim (m)	kacang tanah	[kaʧaŋ tanah]
amêndoa (f)	badam	[badam]
noz (f)	buah walnut	[buah walnut]
avelã (f)	kacang hazel	[kaʧaŋ hazel]
coco (m)	buah kelapa	[buah kelapa]
pistaches (m pl)	badam hijau	[badam hidʒ'au]

56. Pão. Bolaria

pastelaria (f)	kue-mue	[kue-mue]
pão (m)	roti	[roti]
biscoito (m), bolacha (f)	biskuit	[biskuit]
chocolate (m)	cokelat	[ʧokelat]
de chocolate	cokelat	[ʧokelat]

bala (f)	permen	[pərmen]
doce (bolo pequeno)	kue	[kue]
bolo (m) de aniversário	kue tar	[kue tar]

| torta (f) | pai | [pai] |
| recheio (m) | inti | [inti] |

geleia (m)	selai buah utuh	[selaj buah utuh]
marmelada (f)	marmelade	[marmelade]
wafers (m pl)	wafel	[wafel]
sorvete (m)	es krim	[es krim]
pudim (m)	puding	[pudiŋ]

57. Especiarias

sal (m)	garam	[garam]
salgado (adj)	asin	[asin]
salgar (vt)	menggarami	[məŋgarami]

pimenta-do-reino (f)	merica	[meritʃa]
pimenta (f) vermelha	cabai merah	[tʃabaj merah]
mostarda (f)	mustar	[mustar]
raiz-forte (f)	lobak pedas	[loba' pedas]

condimento (m)	bumbu	[bumbu]
especiaria (f)	rempah-rempah	[rempah-rempah]
molho (~ inglês)	saus	[saus]
vinagre (m)	cuka	[tʃuka]

anis estrelado (m)	adas manis	[adas manis]
manjericão (m)	selasih	[selasih]
cravo (m)	cengkih	[tʃeŋkih]
gengibre (m)	jahe	[dʒʲahe]
coentro (m)	ketumbar	[ketumbar]
canela (f)	kayu manis	[kaju manis]

gergelim (m)	wijen	[widʒʲen]
folha (f) de louro	daun salam	[daun salam]
páprica (f)	cabai	[tʃabaj]
cominho (m)	jintan	[dʒintan]
açafrão (m)	kuma-kuma	[kuma-kuma]

INFORMAÇÃO PESSOAL. FAMÍLIA

58. Informação pessoal. Formulários

nome (m)	nama, nama depan	[nama], [nama depan]
sobrenome (m)	nama keluarga	[nama keluarga]
data (f) de nascimento	tanggal lahir	[taŋgal lahir]
local (m) de nascimento	tempat lahir	[tempat lahir]
nacionalidade (f)	kebangsaan	[kebaŋsa'an]
lugar (m) de residência	tempat tinggal	[tempat tiŋgal]
país (m)	negara, negeri	[negara], [negeri]
profissão (f)	profesi	[profesi]
sexo (m)	jenis kelamin	[dʒ'enis kelamin]
estatura (f)	tinggi badan	[tiŋgi badan]
peso (m)	berat	[berat]

59. Membros da família. Parentes

mãe (f)	ibu	[ibu]
pai (m)	ayah	[ajah]
filho (m)	anak lelaki	[ana' lelaki]
filha (f)	anak perempuan	[ana' perempuan]
caçula (f)	anak perempuan bungsu	[ana' perempuan buŋsu]
caçula (m)	anak lelaki bungsu	[ana' lelaki buŋsu]
filha (f) mais velha	anak perempuan sulung	[ana' perempuan suluŋ]
filho (m) mais velho	anak lelaki sulung	[ana' lelaki suluŋ]
irmão (m)	saudara lelaki	[saudara lelaki]
irmão (m) mais velho	kakak lelaki	[kaka' lelaki]
irmão (m) mais novo	adik lelaki	[adi' lelaki]
irmã (f)	saudara perempuan	[saudara perempuan]
irmã (f) mais velha	kakak perempuan	[kaka' perempuan]
irmã (f) mais nova	adik perempuan	[adi' perempuan]
primo (m)	sepupu lelaki	[sepupu lelaki]
prima (f)	sepupu perempuan	[sepupu perempuan]
mamãe (f)	mama, ibu	[mama], [ibu]
papai (m)	papa, ayah	[papa], [ajah]
pais (pl)	orang tua	[oraŋ tua]
criança (f)	anak	[ana']
crianças (f pl)	anak-anak	[ana'-ana']
avó (f)	nenek	[nene']
avô (m)	kakek	[kake']

neto (m)	cucu laki-laki	[ʧuʧu laki-laki]
neta (f)	cucu perempuan	[ʧuʧu pərempuan]
netos (pl)	cucu	[ʧuʧu]

tio (m)	paman	[paman]
tia (f)	bibi	[bibi]
sobrinho (m)	keponakan laki-laki	[keponakan laki-laki]
sobrinha (f)	keponakan perempuan	[keponakan pərempuan]

sogra (f)	ibu mertua	[ibu mertua]
sogro (m)	ayah mertua	[ajah mertua]
genro (m)	menantu laki-laki	[mənantu laki-laki]
madrasta (f)	ibu tiri	[ibu tiri]
padrasto (m)	ayah tiri	[ajah tiri]

criança (f) de colo	bayi	[baji]
bebê (m)	bayi	[baji]
menino (m)	bocah cilik	[boʧah ʧili']

mulher (f)	istri	[istri]
marido (m)	suami	[suami]
esposo (m)	suami	[suami]
esposa (f)	istri	[istri]

casado (adj)	menikah, beristri	[mənikah], [bəristri]
casada (adj)	menikah, bersuami	[mənikah], [bərsuami]
solteiro (adj)	bujang	[budʒ'aŋ]
solteirão (m)	bujang	[budʒ'aŋ]
divorciado (adj)	bercerai	[bərʧeraj]
viúva (f)	janda	[dʒ'anda]
viúvo (m)	duda	[duda]

parente (m)	kerabat	[kerabat]
parente (m) próximo	kerabat dekat	[kerabat dekat]
parente (m) distante	kerabat jauh	[kerabat dʒ'auh]
parentes (m pl)	kerabat, sanak saudara	[kerabat], [sana' saudara]

órfão (m), órfã (f)	yatim piatu	[yatim piatu]
tutor (m)	wali	[wali]
adotar (um filho)	mengadopsi	[məŋadopsi]
adotar (uma filha)	mengadopsi	[məŋadopsi]

60. Amigos. Colegas de trabalho

amigo (m)	sahabat	[sahabat]
amiga (f)	sahabat	[sahabat]
amizade (f)	persahabatan	[pərsahabatan]
ser amigos	bersahabat	[bərsahabat]

amigo (m)	teman	[teman]
amiga (f)	teman	[teman]
parceiro (m)	mitra	[mitra]
chefe (m)	atasan	[atasan]
superior (m)	atasan	[atasan]

proprietário (m)	pemilik	[pemili']
subordinado (m)	bawahan	[bawahan]
colega (m, f)	kolega	[kolega]

conhecido (m)	kenalan	[kenalan]
companheiro (m) de viagem	rekan seperjalanan	[rekan seperdʒialanan]
colega (m) de classe	teman sekelas	[teman sekelas]

vizinho (m)	tetangga	[tetaŋga]
vizinha (f)	tetangga	[tetaŋga]
vizinhos (pl)	para tetangga	[para tetaŋga]

CORPO HUMANO. MEDICINA

61. Cabeça

cabeça (f)	kepala	[kepala]
rosto, cara (f)	wajah	[wadʒˈah]
nariz (m)	hidung	[hiduŋ]
boca (f)	mulut	[mulut]
olho (m)	mata	[mata]
olhos (m pl)	mata	[mata]
pupila (f)	pupil, biji mata	[pupil], [bidʒi mata]
sobrancelha (f)	alis	[alis]
cílio (f)	bulu mata	[bulu mata]
pálpebra (f)	kelopak mata	[kelopaʔ mata]
língua (f)	lidah	[lidah]
dente (m)	gigi	[gigi]
lábios (m pl)	bibir	[bibir]
maçãs (f pl) do rosto	tulang pipi	[tulaŋ pipi]
gengiva (f)	gusi	[gusi]
palato (m)	langit-langit mulut	[laŋit-laŋit mulut]
narinas (f pl)	lubang hidung	[lubaŋ hiduŋ]
queixo (m)	dagu	[dagu]
mandíbula (f)	rahang	[rahaŋ]
bochecha (f)	pipi	[pipi]
testa (f)	dahi	[dahi]
têmpora (f)	pelipis	[pelipis]
orelha (f)	telinga	[teliŋa]
costas (f pl) da cabeça	tengkuk	[teŋkuʔ]
pescoço (m)	leher	[leher]
garganta (f)	tenggorok	[teŋgoroʔ]
cabelo (m)	rambut	[rambut]
penteado (m)	tatanan rambut	[tatanan rambut]
corte (m) de cabelo	potongan rambut	[potoŋan rambut]
peruca (f)	wig, rambut palsu	[wig], [rambut palsu]
bigode (m)	kumis	[kumis]
barba (f)	janggut	[dʒˈaŋgut]
ter (~ barba, etc.)	memelihara	[memelihara]
trança (f)	kepang	[kepaŋ]
suíças (f pl)	brewok	[brewoʔ]
ruivo (adj)	merah pirang	[merah piraŋ]
grisalho (adj)	beruban	[beruban]
careca (adj)	botak, plontos	[botak], [plontos]
calva (f)	botak	[botaʔ]

rabo-de-cavalo (m)	ekor kuda	[ekor kuda]
franja (f)	poni rambut	[poni rambut]

62. Corpo humano

mão (f)	tangan	[taŋan]
braço (m)	lengan	[leŋan]

dedo (m)	jari	[dʒ¡ari]
dedo (m) do pé	jari	[dʒ¡ari]
polegar (m)	jempol	[dʒ¡empol]
dedo (m) mindinho	jari kelingking	[dʒ¡ari keliŋkiŋ]
unha (f)	kuku	[kuku]

punho (m)	kepalan tangan	[kepalan taŋan]
palma (f)	telapak	[telapa²]
pulso (m)	pergelangan	[pərgelaŋan]
antebraço (m)	lengan bawah	[leŋan bawah]
cotovelo (m)	siku	[siku]
ombro (m)	bahu	[bahu]

perna (f)	kaki	[kaki]
pé (m)	telapak kaki	[telapa² kaki]
joelho (m)	lutut	[lutut]
panturrilha (f)	betis	[betis]
quadril (m)	paha	[paha]
calcanhar (m)	tumit	[tumit]

corpo (m)	tubuh	[tubuh]
barriga (f), ventre (m)	perut	[perut]
peito (m)	dada	[dada]
seio (m)	payudara	[pajudara]
lado (m)	rusuk	[rusu²]
costas (dorso)	punggung	[puŋguŋ]
região (f) lombar	pinggang bawah	[piŋgaŋ bawah]
cintura (f)	pinggang	[piŋgaŋ]

umbigo (m)	pusar	[pusar]
nádegas (f pl)	pantat	[pantat]
traseiro (m)	pantat	[pantat]

sinal (m), pinta (f)	tanda lahir	[tanda lahir]
sinal (m) de nascença	tanda lahir	[tanda lahir]
tatuagem (f)	tato	[tato]
cicatriz (f)	parut luka	[parut luka]

63. Doenças

doença (f)	penyakit	[penjakit]
estar doente	sakit	[sakit]
saúde (f)	kesehatan	[kesehatan]
nariz (m) escorrendo	hidung meler	[hiduŋ meler]

amigdalite (f)	radang tonsil	[radaŋ tonsil]
resfriado (m)	pilek, selesma	[pilek], [selesma]
ficar resfriado	masuk angin	[masu' aŋin]

bronquite (f)	bronkitis	[bronkitis]
pneumonia (f)	radang paru-paru	[radaŋ paru-paru]
gripe (f)	flu	[flu]

míope (adj)	rabun jauh	[rabun dʒ'auh]
presbita (adj)	rabun dekat	[rabun dekat]
estrabismo (m)	mata juling	[mata dʒ'uliŋ]
estrábico, vesgo (adj)	bermata juling	[bərmata dʒ'uliŋ]
catarata (f)	katarak	[katara']
glaucoma (m)	glaukoma	[glaukoma]

AVC (m), apoplexia (f)	stroke	[stroke]
ataque (m) cardíaco	infark	[infar']
enfarte (m) do miocárdio	serangan jantung	[seraŋan dʒ'antuŋ]
paralisia (f)	kelumpuhan	[kelumpuhan]
paralisar (vt)	melumpuhkan	[melumpuhkan]

alergia (f)	alergi	[alergi]
asma (f)	asma	[asma]
diabetes (f)	diabetes	[diabetes]

| dor (f) de dente | sakit gigi | [sakit gigi] |
| cárie (f) | karies | [karies] |

diarreia (f)	diare	[diare]
prisão (f) de ventre	konstipasi, sembelit	[konstipasi], [sembelit]
desarranjo (m) intestinal	gangguan pencernaan	[gaŋuan pentʃarna'an]
intoxicação (f) alimentar	keracunan makanan	[keratʃunan makanan]
intoxicar-se	keracunan makanan	[keratʃunan makanan]

artrite (f)	artritis	[artritis]
raquitismo (m)	rakitis	[rakitis]
reumatismo (m)	rematik	[remati']
arteriosclerose (f)	aterosklerosis	[aterosklerosis]

gastrite (f)	radang perut	[radaŋ pərut]
apendicite (f)	apendisitis	[apendisitis]
colecistite (f)	radang pundi empedu	[radaŋ pundi empedu]
úlcera (f)	tukak lambung	[tuka' lambuŋ]

sarampo (m)	penyakit campak	[penjakit tʃampa']
rubéola (f)	penyakit campak Jerman	[penjakit tʃampa' dʒ'erman]
icterícia (f)	sakit kuning	[sakit kuniŋ]
hepatite (f)	hepatitis	[hepatitis]

esquizofrenia (f)	skizofrenia	[skizofrenia]
raiva (f)	rabies	[rabies]
neurose (f)	neurosis	[neurosis]
contusão (f) cerebral	gegar otak	[gegar ota']

| câncer (m) | kanker | [kanker] |
| esclerose (f) | sklerosis | [sklerosis] |

esclerose (f) múltipla	sklerosis multipel	[sklerosis multipel]
alcoolismo (m)	alkoholisme	[alkoholisme]
alcoólico (m)	alkoholik	[alkoholi']
sífilis (f)	sifilis	[sifilis]
AIDS (f)	AIDS	[ajds]
tumor (m)	tumor	[tumor]
maligno (adj)	ganas	[ganas]
benigno (adj)	jinak	[dʒina']
febre (f)	demam	[demam]
malária (f)	malaria	[malaria]
gangrena (f)	gangren	[gaŋren]
enjoo (m)	mabuk laut	[mabu' laut]
epilepsia (f)	epilepsi	[epilepsi]
epidemia (f)	epidemi	[epidemi]
tifo (m)	tifus	[tifus]
tuberculose (f)	tuberkulosis	[tuberkulosis]
cólera (f)	kolera	[kolera]
peste (f) bubônica	penyakit pes	[penjakit pes]

64. Sintomas. Tratamentos. Parte 1

sintoma (m)	gejala	[gedʒˈala]
temperatura (f)	temperatur, suhu	[temperatur], [suhu]
febre (f)	temperatur tinggi	[temperatur tiŋgi]
pulso (m)	denyut nadi	[denyut nadi]
vertigem (f)	rasa pening	[rasa peniŋ]
quente (testa, etc.)	panas	[panas]
calafrio (m)	menggigil	[meŋgigil]
pálido (adj)	pucat	[putʃat]
tosse (f)	batuk	[batu']
tossir (vi)	batuk	[batu']
espirrar (vi)	bersin	[bersin]
desmaio (m)	pingsan	[piŋsan]
desmaiar (vi)	jatuh pingsan	[dʒˈatuh piŋsan]
mancha (f) preta	luka memar	[luka memar]
galo (m)	bengkak	[beŋka']
machucar-se (vr)	terantuk	[terantu']
contusão (f)	luka memar	[luka memar]
machucar-se (vr)	kena luka memar	[kena luka memar]
mancar (vi)	pincang	[pintʃaŋ]
deslocamento (f)	keseleo	[keseleo]
deslocar (vt)	keseleo	[keseleo]
fratura (f)	fraktura, patah tulang	[fraktura], [patah tulaŋ]
fraturar (vt)	patah tulang	[patah tulaŋ]
corte (m)	teriris	[teriris]
cortar-se (vr)	teriris	[teriris]

hemorragia (f)	perdarahan	[pərdarahan]
queimadura (f)	luka bakar	[luka bakar]
queimar-se (vr)	menderita luka bakar	[mənderita luka bakar]

picar (vt)	menusuk	[mənusuʔ]
picar-se (vr)	tertusuk	[tərtusuʔ]
lesionar (vt)	melukai	[melukaj]
lesão (m)	cedera	[tʃedera]
ferida (f), ferimento (m)	luka	[luka]
trauma (m)	trauma	[trauma]

delirar (vi)	mengigau	[mənigau]
gaguejar (vi)	gagap	[gagap]
insolação (f)	sengatan matahari	[seŋatan matahari]

65. Sintomas. Tratamentos. Parte 2

dor (f)	sakit	[sakit]
farpa (no dedo, etc.)	selumbar	[selumbar]

suor (m)	keringat	[keriŋat]
suar (vi)	berkeringat	[bərkeriŋat]
vômito (m)	muntah	[muntah]
convulsões (f pl)	kram	[kram]

grávida (adj)	hamil	[hamil]
nascer (vi)	lahir	[lahir]
parto (m)	persalinan	[pərsalinan]
dar à luz	melahirkan	[melahirkan]
aborto (m)	aborsi	[aborsi]

respiração (f)	pernapasan	[pərnapasan]
inspiração (f)	tarikan napas	[tarikan napas]
expiração (f)	napas keluar	[napas keluar]
expirar (vi)	mengembuskan napas	[mənembuskan napas]
inspirar (vi)	menarik napas	[mənariʔ napas]

inválido (m)	penderita cacat	[penderita tʃatʃat]
aleijado (m)	penderita cacat	[penderita tʃatʃat]
drogado (m)	pecandu narkoba	[petʃandu narkoba]

surdo (adj)	tunarungu	[tunaruŋu]
mudo (adj)	tunawicara	[tunawitʃara]
surdo-mudo (adj)	tunarungu-wicara	[tunaruŋu-witʃara]

louco, insano (adj)	gila	[gila]
louco (m)	lelaki gila	[lelaki gila]
louca (f)	perempuan gila	[pərempuan gila]
ficar louco	menggila	[məŋgila]

gene (m)	gen	[gen]
imunidade (f)	imunitas	[imunitas]
hereditário (adj)	turun-temurun	[turun-temurun]
congênito (adj)	bawaan	[bawaʔan]

vírus (m)	virus	[virus]
micróbio (m)	mikroba	[mikroba]
bactéria (f)	bakteri	[bakteri]
infecção (f)	infeksi	[infeksi]

66. Sintomas. Tratamentos. Parte 3

| hospital (m) | rumah sakit | [rumah sakit] |
| paciente (m) | pasien | [pasien] |

diagnóstico (m)	diagnosis	[diagnosis]
cura (f)	perawatan	[pərawatan]
tratamento (m) médico	pengobatan medis	[peŋobatan medis]
curar-se (vr)	berobat	[bərobat]
tratar (vt)	merawat	[merawat]
cuidar (pessoa)	merawat	[merawat]
cuidado (m)	pengasuhan	[peŋasuhan]

operação (f)	operasi, pembedahan	[operasi], [pembedahan]
enfaixar (vt)	membalut	[membalut]
enfaixamento (m)	pembalutan	[pembalutan]

vacinação (f)	vaksinasi	[vaksinasi]
vacinar (vt)	memvaksinasi	[memvaksinasi]
injeção (f)	suntikan	[suntikan]
dar uma injeção	menyuntik	[mənyunti²]

ataque (~ de asma, etc.)	serangan	[seraŋan]
amputação (f)	amputasi	[amputasi]
amputar (vt)	mengamputasi	[məŋamputasi]
coma (f)	koma	[koma]
estar em coma	dalam keadaan koma	[dalam keada²an koma]
reanimação (f)	perawatan intensif	[pərawatan intensif]

recuperar-se (vr)	sembuh	[sembuh]
estado (~ de saúde)	keadaan	[keada²an]
consciência (perder a ~)	kesadaran	[kesadaran]
memória (f)	memori, daya ingat	[memori], [daja iŋat]

tirar (vt)	mencabut	[məntʃabut]
obturação (f)	tambalan	[tambalan]
obturar (vt)	menambal	[mənambal]

| hipnose (f) | hipnosis | [hipnosis] |
| hipnotizar (vt) | menghipnosis | [məŋhipnosis] |

67. Medicina. Drogas. Acessórios

medicamento (m)	obat	[obat]
remédio (m)	obat	[obat]
receitar (vt)	meresepkan	[meresepkan]
receita (f)	resep	[resep]

comprimido (m)	pil, tablet	[pil], [tablet]
unguento (m)	salep	[salep]
ampola (f)	ampul	[ampul]
solução, preparado (m)	obat cair	[obat ʧajr]
xarope (m)	sirop	[sirop]
cápsula (f)	pil	[pil]
pó (m)	bubuk	[bubuʔ]

atadura (f)	perban	[perban]
algodão (m)	kapas	[kapas]
iodo (m)	iodium	[iodium]

curativo (m) adesivo	plester obat	[plester obat]
conta-gotas (m)	tetes mata	[tetes mata]
termômetro (m)	termometer	[tərmometər]
seringa (f)	alat suntik	[alat suntiʔ]

cadeira (f) de rodas	kursi roda	[kursi roda]
muletas (f pl)	kruk	[kruʔ]

analgésico (m)	obat bius	[obat bius]
laxante (m)	laksatif, obat pencuci perut	[laksatif], [obat penʧuʧi pərut]
álcool (m)	spiritus, alkohol	[spiritus], [alkohol]
ervas (f pl) medicinais	tanaman obat	[tanaman obat]
de ervas (chá ~)	herbal	[herbal]

APARTAMENTO

68. Apartamento

apartamento (m)	apartemen	[apartemen]
quarto, cômodo (m)	kamar	[kamar]
quarto (m) de dormir	kamar tidur	[kamar tidur]
sala (f) de jantar	ruang makan	[ruaŋ makan]
sala (f) de estar	ruang tamu	[ruaŋ tamu]
escritório (m)	ruang kerja	[ruaŋ kerdʒʲa]
sala (f) de entrada	ruang depan	[ruaŋ depan]
banheiro (m)	kamar mandi	[kamar mandi]
lavabo (m)	kamar kecil	[kamar ketʃil]
teto (m)	plafon, langit-langit	[plafon], [laŋit-laŋit]
chão, piso (m)	lantai	[lantaj]
canto (m)	sudut	[sudut]

69. Mobiliário. Interior

mobiliário (m)	mebel	[mebel]
mesa (f)	meja	[medʒʲa]
cadeira (f)	kursi	[kursi]
cama (f)	ranjang	[randʒʲaŋ]
sofá, divã (m)	dipan	[dipan]
poltrona (f)	kursi malas	[kursi malas]
estante (f)	lemari buku	[lemari buku]
prateleira (f)	rak	[raʔ]
guarda-roupas (m)	lemari pakaian	[lemari pakajan]
cabide (m) de parede	kapstok	[kapstoʔ]
cabideiro (m) de pé	kapstok berdiri	[kapstoʔ bərdiri]
cômoda (f)	lemari laci	[lemari latʃi]
mesinha (f) de centro	meja kopi	[medʒʲa kopi]
espelho (m)	cermin	[tʃermin]
tapete (m)	permadani	[pərmadani]
tapete (m) pequeno	karpet kecil	[karpet ketʃil]
lareira (f)	perapian	[pərapian]
vela (f)	lilin	[lilin]
castiçal (m)	kaki lilin	[kaki lilin]
cortinas (f pl)	gorden	[gorden]
papel (m) de parede	kertas dinding	[kertas dindiŋ]

persianas (f pl)	kerai	[keraj]
luminária (f) de mesa	lampu meja	[lampu medʒa]
luminária (f) de parede	lampu dinding	[lampu dindiŋ]
abajur (m) de pé	lampu lantai	[lampu lantaj]
lustre (m)	lampu bercabang	[lampu bərʧabaŋ]

pé (de mesa, etc.)	kaki	[kaki]
braço, descanso (m)	lengan	[leŋan]
costas (f pl)	sandaran	[sandaran]
gaveta (f)	laci	[laʧi]

70. Quarto de dormir

roupa (f) de cama	kain kasur	[kain kasur]
travesseiro (m)	bantal	[bantal]
fronha (f)	sarung bantal	[saruŋ bantal]
cobertor (m)	selimut	[selimut]
lençol (m)	seprai	[sepraj]
colcha (f)	selubung kasur	[selubuŋ kasur]

71. Cozinha

cozinha (f)	dapur	[dapur]
gás (m)	gas	[gas]
fogão (m) a gás	kompor gas	[kompor gas]
fogão (m) elétrico	kompor listrik	[kompor listri']
forno (m)	oven	[oven]
forno (m) de micro-ondas	microwave	[majkrowav]

geladeira (f)	lemari es, kulkas	[lemari es], [kulkas]
congelador (m)	lemari pembeku	[lemari pembeku]
máquina (f) de lavar louça	mesin pencuci piring	[mesin penʧuʧi piriŋ]

moedor (m) de carne	alat pelumat daging	[alat pelumat dagiŋ]
espremedor (m)	mesin sari buah	[mesin sari buah]
torradeira (f)	alat pemanggang roti	[alat pemaŋgaŋ roti]
batedeira (f)	pencampur	[penʧampur]

máquina (f) de café	mesin pembuat kopi	[mesin pembuat kopi]
cafeteira (f)	teko kopi	[teko kopi]
moedor (m) de café	mesin penggiling kopi	[mesin peŋgiliŋ kopi]

chaleira (f)	cerek	[ʧere']
bule (m)	teko	[teko]
tampa (f)	tutup	[tutup]
coador (m) de chá	saringan teh	[sariŋan teh]

colher (f)	sendok	[sendo']
colher (f) de chá	sendok teh	[sendo' teh]
colher (f) de sopa	sendok makan	[sendo' makan]
garfo (m)	garpu	[garpu]
faca (f)	pisau	[pisau]

louça (f)	piring mangkuk	[piriŋ maŋku']
prato (m)	piring	[piriŋ]
pires (m)	alas cangkir	[alas ʧaŋkir]

cálice (m)	seloki	[seloki]
copo (m)	gelas	[gelas]
xícara (f)	cangkir	[ʧaŋkir]

açucareiro (m)	wadah gula	[wadah gula]
saleiro (m)	wadah garam	[wadah garam]
pimenteiro (m)	wadah merica	[wadah meriʧa]
manteigueira (f)	wadah mentega	[wadah mentega]

panela (f)	panci	[panʧi]
frigideira (f)	kuali	[kuali]
concha (f)	sudu	[sudu]
coador (m)	saringan	[sariŋan]
bandeja (f)	talam	[talam]

garrafa (f)	botol	[botol]
pote (m) de vidro	gelas	[gelas]
lata (~ de cerveja)	kaleng	[kaleŋ]

abridor (m) de garrafa	pembuka botol	[pembuka botol]
abridor (m) de latas	pembuka kaleng	[pembuka kaleŋ]
saca-rolhas (m)	kotrek	[kotre']
filtro (m)	saringan	[sariŋan]
filtrar (vt)	saringan	[sariŋan]

| lixo (m) | sampah | [sampah] |
| lixeira (f) | tong sampah | [toŋ sampah] |

72. Casa de banho

banheiro (m)	kamar mandi	[kamar mandi]
água (f)	air	[air]
torneira (f)	keran	[keran]
água (f) quente	air panas	[air panas]
água (f) fria	air dingin	[air diŋin]

pasta (f) de dente	pasta gigi	[pasta gigi]
escovar os dentes	menggosok gigi	[məŋgoso' gigi]
escova (f) de dente	sikat gigi	[sikat gigi]

barbear-se (vr)	bercukur	[bərʧukur]
espuma (f) de barbear	busa cukur	[busa ʧukur]
gilete (f)	pisau cukur	[pisau ʧukur]

lavar (vt)	mencuci	[mənʧuʧi]
tomar banho	mandi	[mandi]
chuveiro (m), ducha (f)	pancuran	[panʧuran]
tomar uma ducha	mandi pancuran	[mandi panʧuran]
banheira (f)	bak mandi	[ba' mandi]
vaso (m) sanitário	kloset	[kloset]

pia (f)	wastafel	[wastafel]
sabonete (m)	sabun	[sabun]
saboneteira (f)	wadah sabun	[wadah sabun]

esponja (f)	spons	[spons]
xampu (m)	sampo	[sampo]
toalha (f)	handuk	[handuˀ]
roupão (m) de banho	jubah mandi	[ʤubah mandi]

lavagem (f)	pencucian	[penʧuʧian]
lavadora (f) de roupas	mesin cuci	[mesin ʧuʧi]
lavar a roupa	mencuci	[mənʧuʧi]
detergente (m)	deterjen cuci	[deterdʒen ʧuʧi]

73. Eletrodomésticos

televisor (m)	pesawat TV	[pesawat ti-vi]
gravador (m)	alat perekam	[alat pərekam]
videogravador (m)	video, VCR	[vidio], [vi-si-er]
rádio (m)	radio	[radio]
leitor (m)	pemutar	[pemutar]

projetor (m)	proyektor video	[proektor video]
cinema (m) em casa	bioskop rumah	[bioskop rumah]
DVD Player (m)	pemutar DVD	[pemutar di-vi-di]
amplificador (m)	penguat	[peɳuat]
console (f) de jogos	konsol permainan video	[konsol pərmajnan video]

câmera (f) de vídeo	kamera video	[kamera video]
máquina (f) fotográfica	kamera	[kamera]
câmera (f) digital	kamera digital	[kamera digital]

aspirador (m)	pengisap debu	[peɳisap debu]
ferro (m) de passar	setrika	[setrika]
tábua (f) de passar	papan setrika	[papan setrika]

telefone (m)	telepon	[telepon]
celular (m)	ponsel	[ponsel]
máquina (f) de escrever	mesin ketik	[mesin ketiˀ]
máquina (f) de costura	mesin jahit	[mesin dʒahit]

microfone (m)	mikrofon	[mikrofon]
fone (m) de ouvido	headphone, fonkepala	[headphone], [fonkepala]
controle remoto (m)	panel kendali	[panel kendali]

CD (m)	cakram kompak	[ʧakram kompaˀ]
fita (f) cassete	kaset	[kaset]
disco (m) de vinil	piringan hitam	[piriɳan hitam]

A TERRA. TEMPO

74. Espaço sideral

espaço, cosmo (m)	angkasa	[aŋkasa]
espacial, cósmico (adj)	angkasa	[aŋkasa]
espaço (m) cósmico	ruang angkasa	[ruaŋ aŋkasa]
mundo (m)	dunia	[dunia]
universo (m)	jagat raya	[dʒʲagat raja]
galáxia (f)	galaksi	[galaksi]
estrela (f)	bintang	[bintaŋ]
constelação (f)	gugusan bintang	[gugusan bintaŋ]
planeta (m)	planet	[planet]
satélite (m)	satelit	[satelit]
meteorito (m)	meteorit	[meteorit]
cometa (m)	komet	[komet]
asteroide (m)	asteroid	[asteroid]
órbita (f)	orbit	[orbit]
girar (vi)	berputar	[bərputar]
atmosfera (f)	atmosfer	[atmosfer]
Sol (m)	matahari	[matahari]
Sistema (m) Solar	tata surya	[tata surja]
eclipse (m) solar	gerhana matahari	[gerhana matahari]
Terra (f)	Bumi	[bumi]
Lua (f)	Bulan	[bulan]
Marte (m)	Mars	[mars]
Vênus (f)	Venus	[venus]
Júpiter (m)	Yupiter	[yupiter]
Saturno (m)	Saturnus	[saturnus]
Mercúrio (m)	Merkurius	[merkurius]
Urano (m)	Uranus	[uranus]
Netuno (m)	Neptunus	[neptunus]
Plutão (m)	Pluto	[pluto]
Via Láctea (f)	Bimasakti	[bimasakti]
Ursa Maior (f)	Ursa Major	[ursa madʒor]
Estrela Polar (f)	Bintang Utara	[bintaŋ utara]
marciano (m)	makhluk Mars	[mahluʔ mars]
extraterrestre (m)	makhluk ruang angkasa	[mahluʔ ruaŋ aŋkasa]
alienígena (m)	alien, makhluk asing	[alien], [mahluʔ asiŋ]
disco (m) voador	piring terbang	[piriŋ tərbaŋ]
espaçonave (f)	kapal antariksa	[kapal antariksa]

| estação (f) orbital | stasiun antariksa | [stasiun antariksa] |
| lançamento (m) | peluncuran | [peluntʃuran] |

motor (m)	mesin	[mesin]
bocal (m)	nosel	[nosel]
combustível (m)	bahan bakar	[bahan bakar]

cabine (f)	kokpit	[kokpit]
antena (f)	antena	[antena]
vigia (f)	jendela	[dʒˈendela]
bateria (f) solar	sel surya	[sel surja]
traje (m) espacial	pakaian antariksa	[pakajan antariksa]

imponderabilidade (f)	keadaan tanpa bobot	[keadaʔan tanpa bobot]
oxigênio (m)	oksigen	[oksigen]
acoplagem (f)	penggabungan	[peŋgabuŋan]
fazer uma acoplagem	bergabung	[bərgabuŋ]

observatório (m)	observatorium	[observatorium]
telescópio (m)	teleskop	[teleskop]
observar (vt)	mengamati	[məŋamati]
explorar (vt)	mengeksplorasi	[məŋeksplorasi]

75. A Terra

Terra (f)	Bumi	[bumi]
globo terrestre (Terra)	bola Bumi	[bola bumi]
planeta (m)	planet	[planet]

atmosfera (f)	atmosfer	[atmosfer]
geografia (f)	geografi	[geografi]
natureza (f)	alam	[alam]

globo (mapa esférico)	globe	[globe]
mapa (m)	peta	[peta]
atlas (m)	atlas	[atlas]

Europa (f)	Eropa	[eropa]
Ásia (f)	Asia	[asia]
África (f)	Afrika	[afrika]
Austrália (f)	Australia	[australia]

América (f)	Amerika	[amerika]
América (f) do Norte	Amerika Utara	[amerika utara]
América (f) do Sul	Amerika Selatan	[amerika selatan]
Antártida (f)	Antartika	[antartika]
Ártico (m)	Arktika	[arktika]

76. Pontos cardeais

| norte (m) | utara | [utara] |
| para norte | ke utara | [ke utara] |

no norte do norte (adj)	di utara utara	[di utara] [utara]
sul (m) para sul no sul do sul (adj)	selatan ke selatan di selatan selatan	[selatan] [ke selatan] [di selatan] [selatan]
oeste, ocidente (m) para oeste no oeste ocidental (adj)	barat ke barat di barat barat	[barat] [ke barat] [di barat] [barat]
leste, oriente (m) para leste no leste oriental (adj)	timur ke timur di timur timur	[timur] [ke timur] [di timur] [timur]

77. Mar. Oceano

mar (m) oceano (m) golfo (m) estreito (m)	laut samudra teluk selat	[laut] [samudra] [teluˀ] [selat]
terra (f) firme continente (m)	daratan benua	[daratan] [benua]
ilha (f) península (f) arquipélago (m)	pulau semenanjung, jazirah kepulauan	[pulau] [semenandʒʲuŋ], [dʒʲazirah] [kepulauan]
baía (f) porto (m) lagoa (f) cabo (m)	teluk pelabuhan laguna tanjung	[teluˀ] [pelabuhan] [laguna] [tandʒʲuŋ]
atol (m) recife (m) coral (m) recife (m) de coral	pulau karang terumbu karang terumbu karang	[pulau karaŋ] [terumbu] [karaŋ] [terumbu karaŋ]
profundo (adj) profundidade (f) abismo (m) fossa (f) oceânica	dalam kedalaman jurang palung	[dalam] [kedalaman] [dʒʲuraŋ] [paluŋ]
corrente (f) banhar (vt)	arus berbatasan dengan	[arus] [berbatasan deŋan]
litoral (m) costa (f) maré (f) alta refluxo (m)	pantai pantai air pasang air surut	[pantaj] [pantaj] [air pasaŋ] [air surut]

restinga (f)	beting	[betiŋ]
fundo (m)	dasar	[dasar]
onda (f)	gelombang	[gelombaŋ]
crista (f) da onda	puncak gelombang	[puntʃaʔ gelombaŋ]
espuma (f)	busa, buih	[busa], [buih]
tempestade (f)	badai	[badaj]
furacão (m)	topan	[topan]
tsunami (m)	tsunami	[tsunami]
calmaria (f)	angin tenang	[aŋin tenaŋ]
calmo (adj)	tenang	[tenaŋ]
polo (m)	kutub	[kutub]
polar (adj)	kutub	[kutub]
latitude (f)	lintang	[lintaŋ]
longitude (f)	garis bujur	[garis budʒʲur]
paralela (f)	sejajar	[sedʒʲadʒʲar]
equador (m)	khatulistiwa	[hatulistiwa]
céu (m)	langit	[laŋit]
horizonte (m)	horizon	[horizon]
ar (m)	udara	[udara]
farol (m)	mercusuar	[mertʃusuar]
mergulhar (vi)	menyelam	[mənjelam]
afundar-se (vr)	karam	[karam]
tesouros (m pl)	harta karun	[harta karun]

78. Nomes de Mares e Oceanos

Oceano (m) Atlântico	Samudra Atlantik	[samudra atlantiʔ]
Oceano (m) Índico	Samudra Hindia	[samudra hindia]
Oceano (m) Pacífico	Samudra Pasifik	[samudra pasifiʔ]
Oceano (m) Ártico	Samudra Arktik	[samudra arktiʔ]
Mar (m) Negro	Laut Hitam	[laut hitam]
Mar (m) Vermelho	Laut Merah	[laut merah]
Mar (m) Amarelo	Laut Kuning	[laut kuniŋ]
Mar (m) Branco	Laut Putih	[laut putih]
Mar (m) Cáspio	Laut Kaspia	[laut kaspia]
Mar (m) Morto	Laut Mati	[laut mati]
Mar (m) Mediterrâneo	Laut Tengah	[laut teŋah]
Mar (m) Egeu	Laut Aegean	[laut aegean]
Mar (m) Adriático	Laut Adriatik	[laut adriatiʔ]
Mar (m) Arábico	Laut Arab	[laut arab]
Mar (m) do Japão	Laut Jepang	[laut dʒʲepaŋ]
Mar (m) de Bering	Laut Bering	[laut beriŋ]
Mar (m) da China Meridional	Laut Cina Selatan	[laut tʃina selatan]
Mar (m) de Coral	Laut Karang	[laut karaŋ]

| Mar (m) de Tasman | Laut Tasmania | [laut tasmania] |
| Mar (m) do Caribe | Laut Karibia | [laut karibia] |

| Mar (m) de Barents | Laut Barents | [laut barents] |
| Mar (m) de Kara | Laut Kara | [laut kara] |

Mar (m) do Norte	Laut Utara	[laut utara]
Mar (m) Báltico	Laut Baltik	[laut balti']
Mar (m) da Noruega	Laut Norwegia	[laut norwegia]

79. Montanhas

montanha (f)	gunung	[gunuŋ]
cordilheira (f)	jajaran gunung	[dʒˈadʒˈaran gunuŋ]
serra (f)	sisir gunung	[sisir gunuŋ]

cume (m)	puncak	[puntʃa']
pico (m)	puncak	[puntʃa']
pé (m)	kaki	[kaki]
declive (m)	lereng	[lereŋ]

vulcão (m)	gunung api	[gunuŋ api]
vulcão (m) ativo	gunung api yang aktif	[gunuŋ api yaŋ aktif]
vulcão (m) extinto	gunung api yang tidak aktif	[gunuŋ api yaŋ tida' aktif]

erupção (f)	erupsi, letusan	[erupsi], [letusan]
cratera (f)	kawah	[kawah]
magma (m)	magma	[magma]
lava (f)	lava, lahar	[lava], [lahar]
fundido (lava ~a)	pijar	[pidʒˈar]

cânion, desfiladeiro (m)	kanyon	[kanjon]
garganta (f)	jurang	[dʒˈuraŋ]
fenda (f)	celah	[tʃelah]
precipício (m)	jurang	[dʒˈuraŋ]

passo, colo (m)	pass, celah	[pass], [tʃelah]
planalto (m)	plato, dataran tinggi	[plato], [dataran tiŋgi]
falésia (f)	tebing	[tebiŋ]
colina (f)	bukit	[bukit]

geleira (f)	gletser	[gletser]
cachoeira (f)	air terjun	[air tərdʒˈun]
gêiser (m)	geiser	[geyser]
lago (m)	danau	[danau]

planície (f)	dataran	[dataran]
paisagem (f)	landskap	[landskap]
eco (m)	gema	[gema]

alpinista (m)	pendaki gunung	[pendaki gunuŋ]
escalador (m)	pemanjat tebing	[pemandʒˈat tebiŋ]
conquistar (vt)	menaklukkan	[mənaklu'kan]
subida, escalada (f)	pendakian	[pendakian]

80. Nomes de montanhas

Alpes (m pl)	Alpen	[alpen]
Monte Branco (m)	Mont Blanc	[mon blan]
Pirineus (m pl)	Pirenia	[pirenia]
Cárpatos (m pl)	Pegunungan Karpatia	[pegununan karpatia]
Urais (m pl)	Pegunungan Ural	[pegununan ural]
Cáucaso (m)	Kaukasus	[kaukasus]
Elbrus (m)	Elbrus	[elbrus]
Altai (m)	Altai	[altaj]
Tian Shan (m)	Tien Shan	[tjen ʃan]
Pamir (m)	Pegunungan Pamir	[pegununan pamir]
Himalaia (m)	Himalaya	[himalaja]
monte Everest (m)	Everest	[everest]
Cordilheira (f) dos Andes	Andes	[andes]
Kilimanjaro (m)	Kilimanjaro	[kilimandʒaro]

81. Rios

rio (m)	sungai	[sunaj]
fonte, nascente (f)	mata air	[mata air]
leito (m) de rio	badan sungai	[badan sunaj]
bacia (f)	basin	[basin]
desaguar no ...	mengalir ke ...	[mənalir ke ...]
afluente (m)	anak sungai	[ana' sunaj]
margem (do rio)	tebing sungai	[tebiŋ sunaj]
corrente (f)	arus	[arus]
rio abaixo	ke hilir	[ke hilir]
rio acima	ke hulu	[ke hulu]
inundação (f)	banjir	[bandʒir]
cheia (f)	banjir	[bandʒir]
transbordar (vi)	membanjiri	[membandʒiri]
inundar (vt)	membanjiri	[membandʒiri]
banco (m) de areia	beting	[betiŋ]
corredeira (f)	jeram	[dʒeram]
barragem (f)	dam, bendungan	[dam], [bendunan]
canal (m)	kanal, terusan	[kanal], [tərusan]
reservatório (m) de água	waduk	[wadu']
eclusa (f)	pintu air	[pintu air]
corpo (m) de água	kolam	[kolam]
pântano (m)	rawa	[rawa]
lamaçal (m)	bencah, paya	[bentʃah], [paja]
redemoinho (m)	pusaran air	[pusaran air]
riacho (m)	selokan	[selokan]

potável (adj)	minum	[minum]
doce (água)	tawar	[tawar]

gelo (m)	es	[es]
congelar-se (vr)	membeku	[membeku]

82. Nomes de rios

rio Sena (m)	Seine	[seine]
rio Loire (m)	Loire	[loire]

rio Tâmisa (m)	Thames	[tems]
rio Reno (m)	Rein	[reyn]
rio Danúbio (m)	Donau	[donau]

rio Volga (m)	Volga	[volga]
rio Don (m)	Don	[don]
rio Lena (m)	Lena	[lena]

rio Amarelo (m)	Suang Kuning	[suaŋ kuniŋ]
rio Yangtzé (m)	Yangtze	[yaŋtze]
rio Mekong (m)	Mekong	[mekoŋ]
rio Ganges (m)	Gangga	[gaŋga]

rio Nilo (m)	Sungai Nil	[suŋaj nil]
rio Congo (m)	Kongo	[koŋo]
rio Cubango (m)	Okavango	[okavaŋo]
rio Zambeze (m)	Zambezi	[zambezi]
rio Limpopo (m)	Limpopo	[limpopo]
rio Mississipi (m)	Mississippi	[misisipi]

83. Floresta

floresta (f), bosque (m)	hutan	[hutan]
florestal (adj)	hutan	[hutan]

mata (f) fechada	hutan lebat	[hutan lebat]
arvoredo (m)	hutan kecil	[hutan ketʃil]
clareira (f)	pembukaan hutan	[pembuka'an hutan]

matagal (m)	semak belukar	[sema' belukar]
mato (m), caatinga (f)	belukar	[belukar]

pequena trilha (f)	jalan setapak	[dʒ'alan setapa']
ravina (f)	parit	[parit]

árvore (f)	pohon	[pohon]
folha (f)	daun	[daun]
folhagem (f)	daun-daunan	[daun-daunan]

queda (f) das folhas	daun berguguran	[daun berguguran]
cair (vi)	luruh	[luruh]

topo (m)	puncak	[puntʃaʔ]
ramo (m)	cabang	[tʃabaŋ]
galho (m)	dahan	[dahan]
botão (m)	tunas	[tunas]
agulha (f)	daun jarum	[daun dʒʲarum]
pinha (f)	buah pinus	[buah pinus]

buraco (m) de árvore	lubang pohon	[lubaŋ pohon]
ninho (m)	sarang	[saraŋ]
toca (f)	lubang	[lubaŋ]

tronco (m)	batang	[bataŋ]
raiz (f)	akar	[akar]
casca (f) de árvore	kulit	[kulit]
musgo (m)	lumut	[lumut]

arrancar pela raiz	mencabut	[mentʃabut]
cortar (vt)	menebang	[menebaŋ]
desflorestar (vt)	deforestasi, penggundulan hutan	[deforestasi], [peŋgundulan hutan]
toco, cepo (m)	tunggul	[tuŋgul]

fogueira (f)	api unggun	[api uŋgun]
incêndio (m) florestal	kebakaran hutan	[kebakaran hutan]
apagar (vt)	memadamkan	[memadamkan]

guarda-parque (m)	penjaga hutan	[pendʒʲaga hutan]
proteção (f)	perlindungan	[perlinduŋan]
proteger (a natureza)	melindungi	[melinduŋi]
caçador (m) furtivo	pemburu ilegal	[pemburu ilegal]
armadilha (f)	perangkap	[peraŋkap]

| colher (cogumelos, bagas) | memetik | [memetiʔ] |
| perder-se (vr) | tersesat | [tersesat] |

84. Recursos naturais

recursos (m pl) naturais	sumber daya alam	[sumber daja alam]
minerais (m pl)	bahan tambang	[bahan tambaŋ]
depósitos (m pl)	endapan	[endapan]
jazida (f)	ladang	[ladaŋ]

extrair (vt)	menambang	[menambaŋ]
extração (f)	pertambangan	[pertambaŋan]
minério (m)	bijih	[bidʒih]
mina (f)	tambang	[tambaŋ]
poço (m) de mina	sumur tambang	[sumur tambaŋ]
mineiro (m)	penambang	[penambaŋ]

| gás (m) | gas | [gas] |
| gasoduto (m) | pipa saluran gas | [pipa saluran gas] |

| petróleo (m) | petroleum, minyak | [petroleum], [minjaʔ] |
| oleoduto (m) | pipa saluran minyak | [pipa saluran minjaʔ] |

poço (m) de petróleo	sumur minyak	[sumur minja']
torre (f) petrolífera	menara bor minyak	[mənara bor minja']
petroleiro (m)	kapal tangki	[kapal taŋki]
areia (f)	pasir	[pasir]
calcário (m)	batu kapur	[batu kapur]
cascalho (m)	kerikil	[kerikil]
turfa (f)	gambut	[gambut]
argila (f)	tanah liat	[tanah liat]
carvão (m)	arang	[araŋ]
ferro (m)	besi	[besi]
ouro (m)	emas	[emas]
prata (f)	perak	[pera']
níquel (m)	nikel	[nikel]
cobre (m)	tembaga	[tembaga]
zinco (m)	seng	[seŋ]
manganês (m)	mangan	[maŋan]
mercúrio (m)	air raksa	[air raksa]
chumbo (m)	timbal	[timbal]
mineral (m)	mineral	[mineral]
cristal (m)	kristal, hablur	[kristal], [hablur]
mármore (m)	marmer	[marmer]
urânio (m)	uranium	[uranium]

85. Tempo

tempo (m)	cuaca	[ʧuaʧa]
previsão (f) do tempo	prakiraan cuaca	[prakira'an ʧuaʧa]
temperatura (f)	temperatur, suhu	[temperatur], [suhu]
termômetro (m)	termometer	[tərmometər]
barômetro (m)	barometer	[barometer]
úmido (adj)	lembap	[lembap]
umidade (f)	kelembapan	[kelembapan]
calor (m)	panas, gerah	[panas], [gerah]
tórrido (adj)	panas terik	[panas təri']
está muito calor	panas	[panas]
está calor	hangat	[haŋat]
quente (morno)	hangat	[haŋat]
está frio	dingin	[diŋin]
frio (adj)	dingin	[diŋin]
sol (m)	matahari	[matahari]
brilhar (vi)	bersinar	[bərsinar]
de sol, ensolarado	cerah	[ʧerah]
nascer (vi)	terbit	[terbit]
pôr-se (vr)	terbenam	[tərbenam]
nuvem (f)	awan	[awan]

nublado (adj)	**berawan**	[bərawan]
nuvem (f) preta	**awan mendung**	[awan menduŋ]
escuro, cinzento (adj)	**mendung**	[menduŋ]

chuva (f)	**hujan**	[huʤˑan]
está a chover	**hujan turun**	[huʤˑan turun]
chuvoso (adj)	**hujan**	[huʤˑan]
chuviscar (vi)	**gerimis**	[gerimis]

chuva (f) torrencial	**hujan lebat**	[huʤˑan lebat]
aguaceiro (m)	**hujan lebat**	[huʤˑan lebat]
forte (chuva, etc.)	**lebat**	[lebat]
poça (f)	**kubangan**	[kubaŋan]
molhar-se (vr)	**kehujanan**	[kehuʤˑanan]

nevoeiro (m)	**kabut**	[kabut]
de nevoeiro	**berkabut**	[bərkabut]
neve (f)	**salju**	[salʤˑu]
está nevando	**turun salju**	[turun salʤˑu]

86. Tempo extremo. Catástrofes naturais

trovoada (f)	**hujan badai**	[huʤˑan badaj]
relâmpago (m)	**kilat**	[kilat]
relampejar (vi)	**berkilau**	[bərkilau]

trovão (m)	**petir**	[petir]
trovejar (vi)	**bergemuruh**	[bərgemuruh]
está trovejando	**bergemuruh**	[bərgemuruh]

granizo (m)	**hujan es**	[huʤˑan es]
está caindo granizo	**hujan es**	[huʤˑan es]

inundar (vt)	**membanjiri**	[membanʤˑiri]
inundação (f)	**banjir**	[banʤˑir]

terremoto (m)	**gempa bumi**	[gempa bumi]
abalo, tremor (m)	**gempa**	[gempa]
epicentro (m)	**episentrum**	[episentrum]

erupção (f)	**erupsi, letusan**	[erupsi], [letusan]
lava (f)	**lava, lahar**	[lava], [lahar]

tornado (m)	**puting beliung**	[putiŋ beliuŋ]
tornado (m)	**tornado**	[tornado]
tufão (m)	**topan**	[topan]

furacão (m)	**topan**	[topan]
tempestade (f)	**badai**	[badaj]
tsunami (m)	**tsunami**	[tsunami]

ciclone (m)	**siklon**	[siklon]
mau tempo (m)	**cuaca buruk**	[ʧuaʧa buruˀ]
incêndio (m)	**kebakaran**	[kebakaran]

catástrofe (f)	bencana	[bentʃana]
meteorito (m)	meteorit	[meteorit]
avalanche (f)	longsor	[loŋsor]
deslizamento (m) de neve	salju longsor	[saldʒʲu loŋsor]
nevasca (f)	badai salju	[badaj saldʒʲu]
tempestade (f) de neve	badai salju	[badaj saldʒʲu]

FAUNA

87. Mamíferos. Predadores

predador (m)	predator, pemangsa	[predator], [pemaŋsa]
tigre (m)	harimau	[harimau]
leão (m)	singa	[siŋa]
lobo (m)	serigala	[serigala]
raposa (f)	rubah	[rubah]

jaguar (m)	jaguar	[dʒˈaguar]
leopardo (m)	leopard, macan tutul	[leopard], [matʃan tutul]
chita (f)	cheetah	[tʃeetah]

pantera (f)	harimau kumbang	[harimau kumbaŋ]
puma (m)	singa gunung	[siŋa gunuŋ]
leopardo-das-neves (m)	harimau bintang salju	[harimau bintaŋ saldʒˈu]
lince (m)	lynx	[links]

coiote (m)	koyote	[koyot]
chacal (m)	jakal	[dʒˈakal]
hiena (f)	hiena	[hiena]

88. Animais selvagens

| animal (m) | binatang | [binataŋ] |
| besta (f) | binatang buas | [binataŋ buas] |

esquilo (m)	bajing	[badʒiŋ]
ouriço (m)	landak susu	[landaʔ susu]
lebre (f)	terwelu	[tərwelu]
coelho (m)	kelinci	[kelintʃi]

texugo (m)	luak	[luaʔ]
guaxinim (m)	rakun	[rakun]
hamster (m)	hamster	[hamster]
marmota (f)	marmut	[marmut]

toupeira (f)	tikus mondok	[tikus mondoʔ]
rato (m)	tikus	[tikus]
ratazana (f)	tikus besar	[tikus besar]
morcego (m)	kelelawar	[kelelawar]

arminho (m)	ermin	[ermin]
zibelina (f)	sabel	[sabel]
marta (f)	marten	[marten]
doninha (f)	musang	[musaŋ]
visom (m)	cerpelai	[tʃerpelaj]

castor (m)	beaver	[beaver]
lontra (f)	berang-berang	[bəraŋ-bəraŋ]
cavalo (m)	kuda	[kuda]
alce (m)	rusa besar	[rusa besar]
veado (m)	rusa	[rusa]
camelo (m)	unta	[unta]
bisão (m)	bison	[bison]
auroque (m)	aurochs	[oroks]
búfalo (m)	kerbau	[kerbau]
zebra (f)	kuda belang	[kuda belaŋ]
antílope (m)	antelop	[antelop]
corça (f)	kijang	[kidʒʲaŋ]
gamo (m)	rusa	[rusa]
camurça (f)	chamois	[ʃemva]
javali (m)	babi hutan jantan	[babi hutan dʒʲantan]
baleia (f)	ikan paus	[ikan paus]
foca (f)	anjing laut	[andʒiŋ laut]
morsa (f)	walrus	[walrus]
urso-marinho (m)	anjing laut berbulu	[andʒiŋ laut bərbulu]
golfinho (m)	lumba-lumba	[lumba-lumba]
urso (m)	beruang	[bəruaŋ]
urso (m) polar	beruang kutub	[bəruaŋ kutub]
panda (m)	panda	[panda]
macaco (m)	monyet	[monjet]
chimpanzé (m)	simpanse	[simpanse]
orangotango (m)	orang utan	[oraŋ utan]
gorila (m)	gorila	[gorila]
macaco (m)	kera	[kera]
gibão (m)	siamang, ungka	[siamaŋ], [uŋka]
elefante (m)	gajah	[gadʒʲah]
rinoceronte (m)	badak	[badaʔ]
girafa (f)	jerapah	[dʒʲerapah]
hipopótamo (m)	kuda nil	[kuda nil]
canguru (m)	kanguru	[kaŋuru]
coala (m)	koala	[koala]
mangusto (m)	garangan	[garaŋan]
chinchila (f)	chinchilla	[tʃintʃilla]
cangambá (f)	sigung	[siguŋ]
porco-espinho (m)	landak	[landaʔ]

89. Animais domésticos

gata (f)	kucing betina	[kutʃiŋ betina]
gato (m) macho	kucing jantan	[kutʃiŋ dʒʲantan]
cão (m)	anjing	[andʒiŋ]

cavalo (m)	kuda	[kuda]
garanhão (m)	kuda jantan	[kuda ʤʲantan]
égua (f)	kuda betina	[kuda betina]
vaca (f)	sapi	[sapi]
touro (m)	sapi jantan	[sapi ʤʲantan]
boi (m)	lembu jantan	[lembu ʤʲantan]
ovelha (f)	domba	[domba]
carneiro (m)	domba jantan	[domba ʤʲantan]
cabra (f)	kambing betina	[kambiŋ betina]
bode (m)	kambing jantan	[kambiŋ ʤʲantan]
burro (m)	keledai	[keledaj]
mula (f)	bagal	[bagal]
porco (m)	babi	[babi]
leitão (m)	anak babi	[ana' babi]
coelho (m)	kelinci	[kelinʧi]
galinha (f)	ayam betina	[ajam betina]
galo (m)	ayam jago	[ajam ʤʲago]
pata (f), pato (m)	bebek	[bebe']
pato (m)	bebek jantan	[bebe' ʤʲantan]
ganso (m)	angsa	[aŋsa]
peru (m)	kalkun jantan	[kalkun ʤʲantan]
perua (f)	kalkun betina	[kalkun betina]
animais (m pl) domésticos	binatang piaraan	[binataŋ piara'an]
domesticado (adj)	jinak	[ʤina']
domesticar (vt)	menjinakkan	[mənʤina'kan]
criar (vt)	membiakkan	[membia'kan]
fazenda (f)	peternakan	[peternakan]
aves (f pl) domésticas	unggas	[uŋgas]
gado (m)	ternak	[terna']
rebanho (m), manada (f)	kawanan	[kawanan]
estábulo (m)	kandang kuda	[kandaŋ kuda]
chiqueiro (m)	kandang babi	[kandaŋ babi]
estábulo (m)	kandang sapi	[kandaŋ sapi]
coelheira (f)	sangkar kelinci	[saŋkar kelinʧi]
galinheiro (m)	kandang ayam	[kandaŋ ajam]

90. Pássaros

pássaro (m), ave (f)	burung	[buruŋ]
pombo (m)	burung dara	[buruŋ dara]
pardal (m)	burung gereja	[buruŋ gereʤʲa]
chapim-real (m)	burung tit	[buruŋ tit]
pega-rabuda (f)	burung murai	[buruŋ muraj]
corvo (m)	burung raven	[buruŋ raven]

gralha-cinzenta (f)	burung gagak	[buruŋ gaga']
gralha-de-nuca-cinzenta (f)	burung gagak kecil	[buruŋ gaga' ketʃil]
gralha-calva (f)	burung rook	[buruŋ roo']
pato (m)	bebek	[bebe']
ganso (m)	angsa	[aŋsa]
faisão (m)	burung kuau	[buruŋ kuau]
águia (f)	rajawali	[radʒ'awali]
açor (m)	elang	[elaŋ]
falcão (m)	alap-alap	[alap-alap]
abutre (m)	hering	[heriŋ]
condor (m)	kondor	[kondor]
cisne (m)	angsa	[aŋsa]
grou (m)	burung jenjang	[buruŋ dʒ'endʒ'aŋ]
cegonha (f)	bangau	[baŋau]
papagaio (m)	burung nuri	[buruŋ nuri]
beija-flor (m)	burung kolibri	[buruŋ kolibri]
pavão (m)	burung merak	[buruŋ mera']
avestruz (m)	burung unta	[buruŋ unta]
garça (f)	kuntul	[kuntul]
flamingo (m)	burung flamingo	[buruŋ flamiŋo]
pelicano (m)	pelikan	[pelikan]
rouxinol (m)	burung bulbul	[buruŋ bulbul]
andorinha (f)	burung walet	[buruŋ walet]
tordo-zornal (m)	burung jalak	[buruŋ dʒ'ala']
tordo-músico (m)	burung jalak suren	[buruŋ dʒ'ala' suren]
melro-preto (m)	burung jalak hitam	[buruŋ dʒ'ala' hitam]
andorinhão (m)	burung apus-apus	[buruŋ apus-apus]
cotovia (f)	burung lark	[buruŋ lar']
codorna (f)	burung puyuh	[buruŋ puyuh]
pica-pau (m)	burung pelatuk	[buruŋ pelatu']
cuco (m)	burung kukuk	[buruŋ kuku']
coruja (f)	burung hantu	[buruŋ hantu]
bufo-real (m)	burung hantu bertanduk	[buruŋ hantu bertandu']
tetraz-grande (m)	burung murai kayu	[buruŋ muraj kaju]
tetraz-lira (m)	burung belibis hitam	[buruŋ belibis hitam]
perdiz-cinzenta (f)	ayam hutan	[ajam hutan]
estorninho (m)	burung starling	[buruŋ starliŋ]
canário (m)	burung kenari	[buruŋ kenari]
galinha-do-mato (f)	ayam hutan hazel	[ajam hutan hazel]
tentilhão (m)	burung chaffinch	[buruŋ tʃaffintʃ]
dom-fafe (m)	burung bullfinch	[buruŋ bullfintʃ]
gaivota (f)	burung camar	[buruŋ tʃamar]
albatroz (m)	albatros	[albatros]
pinguim (m)	penguin	[peŋuin]

91. Peixes. Animais marinhos

brema (f)	ikan bream	[ikan bream]
carpa (f)	ikan karper	[ikan karper]
perca (f)	ikan tilapia	[ikan tilapia]
siluro (m)	lais junggang	[lajs dʒʲuŋgaŋ]
lúcio (m)	ikan pike	[ikan paik]
salmão (m)	salmon	[salmon]
esturjão (m)	ikan sturgeon	[ikan sturdʒʲen]
arenque (m)	ikan haring	[ikan hariŋ]
salmão (m) do Atlântico	ikan salem	[ikan salem]
cavala, sarda (f)	ikan kembung	[ikan kembuŋ]
solha (f), linguado (m)	ikan sebelah	[ikan sebelah]
lúcio perca (m)	ikan seligi tenggeran	[ikan seligi teŋgeran]
bacalhau (m)	ikan kod	[ikan kod]
atum (m)	tuna	[tuna]
truta (f)	ikan forel	[ikan forel]
enguia (f)	belut	[belut]
raia (f) elétrica	ikan pari listrik	[ikan pari listriʔ]
moreia (f)	belut moray	[belut morey]
piranha (f)	ikan piranha	[ikan piranha]
tubarão (m)	ikan hiu	[ikan hiu]
golfinho (m)	lumba-lumba	[lumba-lumba]
baleia (f)	ikan paus	[ikan paus]
caranguejo (m)	kepiting	[kepitiŋ]
água-viva (f)	ubur-ubur	[ubur-ubur]
polvo (m)	gurita	[gurita]
estrela-do-mar (f)	bintang laut	[bintaŋ laut]
ouriço-do-mar (m)	landak laut	[landaʔ laut]
cavalo-marinho (m)	kuda laut	[kuda laut]
ostra (f)	tiram	[tiram]
camarão (m)	udang	[udaŋ]
lagosta (f)	udang karang	[udaŋ karaŋ]
lagosta (f)	lobster berduri	[lobster bərduri]

92. Anfíbios. Répteis

cobra (f)	ular	[ular]
venenoso (adj)	berbisa	[bərbisa]
víbora (f)	ular viper	[ular viper]
naja (f)	kobra	[kobra]
píton (m)	ular sanca	[ular santʃa]
jiboia (f)	ular boa	[ular boa]
cobra-de-água (f)	ular tanah	[ular tanah]

| cascavel (f) | ular derik | [ular deriʔ] |
| anaconda (f) | ular anakonda | [ular anakonda] |

lagarto (m)	kadal	[kadal]
iguana (f)	iguana	[iguana]
varano (m)	biawak	[biawaʔ]
salamandra (f)	salamander	[salamander]
camaleão (m)	bunglon	[buŋlon]
escorpião (m)	kalajengking	[kaladʒˈeŋkiŋ]

tartaruga (f)	kura-kura	[kura-kura]
rã (f)	katak	[kataʔ]
sapo (m)	kodok	[kodoʔ]
crocodilo (m)	buaya	[buaja]

93. Insetos

inseto (m)	serangga	[seraŋga]
borboleta (f)	kupu-kupu	[kupu-kupu]
formiga (f)	semut	[semut]
mosca (f)	lalat	[lalat]
mosquito (m)	nyamuk	[njamuʔ]
escaravelho (m)	kumbang	[kumbaŋ]

vespa (f)	tawon	[tawon]
abelha (f)	lebah	[lebah]
mamangaba (f)	kumbang	[kumbaŋ]
moscardo (m)	lalat kerbau	[lalat kerbau]

| aranha (f) | laba-laba | [laba-laba] |
| teia (f) de aranha | sarang laba-laba | [saraŋ laba-laba] |

libélula (f)	capung	[ʧapuŋ]
gafanhoto (m)	belalang	[belalaŋ]
traça (f)	ngengat	[ŋeŋat]

barata (f)	kecoa	[keʧoa]
carrapato (m)	kutu	[kutu]
pulga (f)	kutu loncat	[kutu lonʧat]
borrachudo (m)	agas	[agas]

gafanhoto (m)	belalang	[belalaŋ]
caracol (m)	siput	[siput]
grilo (m)	jangkrik	[dʒˈaŋkriʔ]
pirilampo, vaga-lume (m)	kunang-kunang	[kunaŋ-kunaŋ]
joaninha (f)	kumbang koksi	[kumbaŋ koksi]
besouro (m)	kumbang Cockchafer	[kumbaŋ kokʃafer]

sanguessuga (f)	lintah	[lintah]
lagarta (f)	ulat	[ulat]
minhoca (f)	cacing	[ʧaʧiŋ]
larva (f)	larva	[larva]

FLORA

94. Árvores

árvore (f)	pohon	[pohon]
decídua (adj)	daun luruh	[daun luruh]
conífera (adj)	pohon jarum	[pohon dʒ¡arum]
perene (adj)	selalu hijau	[selalu hidʒ¡au]

macieira (f)	pohon apel	[pohon apel]
pereira (f)	pohon pir	[pohon pir]
cerejeira (f)	pohon ceri manis	[pohon tʃeri manis]
ginjeira (f)	pohon ceri asam	[pohon tʃeri asam]
ameixeira (f)	pohon plum	[pohon plum]

bétula (f)	pohon berk	[pohon bər']
carvalho (m)	pohon eik	[pohon ei']
tília (f)	pohon linden	[pohon linden]
choupo-tremedor (m)	pohon aspen	[pohon aspen]
bordo (m)	pohon mapel	[pohon mapel]
espruce (m)	pohon den	[pohon den]
pinheiro (m)	pohon pinus	[pohon pinus]
alerce, lariço (m)	pohon larch	[pohon lartʃ]
abeto (m)	pohon fir	[pohon fir]
cedro (m)	pohon aras	[pohon aras]

choupo, álamo (m)	pohon poplar	[pohon poplar]
tramazeira (f)	pohon rowan	[pohon rowan]
salgueiro (m)	pohon dedalu	[pohon dedalu]
amieiro (m)	pohon alder	[pohon alder]
faia (f)	pohon nothofagus	[pohon notofagus]
ulmeiro, olmo (m)	pohon elm	[pohon elm]
freixo (m)	pohon abu	[pohon abu]
castanheiro (m)	kastanye	[kastanje]

magnólia (f)	magnolia	[magnolia]
palmeira (f)	palem	[palem]
cipreste (m)	pokok cipres	[poko' sipres]

mangue (m)	bakau	[bakau]
embondeiro, baobá (m)	baobab	[baobab]
eucalipto (m)	kayu putih	[kaju putih]
sequoia (f)	sequoia	[sekuoia]

95. Arbustos

arbusto (m)	rumpun	[rumpun]
arbusto (m), moita (f)	semak	[sema']

videira (f)	pohon anggur	[pohon aŋgur]
vinhedo (m)	kebun anggur	[kebun aŋgur]
framboeseira (f)	pohon frambus	[pohon frambus]
groselheira-negra (f)	pohon blackcurrant	[pohon bleʔkaren]
groselheira-vermelha (f)	pohon redcurrant	[pohon redkaren]
groselheira (f) espinhosa	pohon arbei hijau	[pohon arbei hidʒʲau]
acácia (f)	pohon akasia	[pohon akasia]
bérberis (f)	pohon barberis	[pohon barberis]
jasmim (m)	melati	[melati]
junípero (m)	pohon juniper	[pohon dʒʲuniper]
roseira (f)	pohon mawar	[pohon mawar]
roseira (f) brava	pohon mawar liar	[pohon mawar liar]

96. Frutos. Bagas

fruta (f)	buah	[buah]
frutas (f pl)	buah-buahan	[buah-buahan]
maçã (f)	apel	[apel]
pera (f)	pir	[pir]
ameixa (f)	plum	[plum]
morango (m)	stroberi	[stroberi]
ginja (f)	buah ceri asam	[buah tʃeri asam]
cereja (f)	buah ceri manis	[buah tʃeri manis]
uva (f)	buah anggur	[buah aŋgur]
framboesa (f)	buah frambus	[buah frambus]
groselha (f) negra	blackcurrant	[bleʔkaren]
groselha (f) vermelha	redcurrant	[redkaren]
groselha (f) espinhosa	buah arbei hijau	[buah arbei hidʒʲau]
oxicoco (m)	buah kranberi	[buah kranberi]
laranja (f)	jeruk manis	[dʒʲeruʔ manis]
tangerina (f)	jeruk mandarin	[dʒʲeruʔ mandarin]
abacaxi (m)	nanas	[nanas]
banana (f)	pisang	[pisaŋ]
tâmara (f)	buah kurma	[buah kurma]
limão (m)	jeruk sitrun	[dʒʲeruʔ sitrun]
damasco (m)	aprikot	[aprikot]
pêssego (m)	persik	[persiʔ]
quiuí (m)	kiwi	[kiwi]
toranja (f)	jeruk Bali	[dʒʲeruʔ bali]
baga (f)	buah beri	[buah bəri]
bagas (f pl)	buah-buah beri	[buah-buah bəri]
arando (m) vermelho	buah cowberry	[buah kowberi]
morango-silvestre (m)	stroberi liar	[stroberi liar]
mirtilo (m)	buah bilberi	[buah bilberi]

97. Flores. Plantas

| flor (f) | bunga | [buŋa] |
| buquê (m) de flores | buket | [buket] |

rosa (f)	mawar	[mawar]
tulipa (f)	tulip	[tulip]
cravo (m)	bunga anyelir	[buŋa anjelir]
gladíolo (m)	bunga gladiol	[buŋa gladiol]

centáurea (f)	cornflower	[kornflawa]
campainha (f)	bunga lonceng biru	[buŋa lontʃeŋ biru]
dente-de-leão (m)	dandelion	[dandelion]
camomila (f)	bunga margrit	[buŋa margrit]

aloé (m)	lidah buaya	[lidah buaja]
cacto (m)	kaktus	[kaktus]
fícus (m)	pohon ara	[pohon ara]

lírio (m)	bunga lili	[buŋa lili]
gerânio (m)	geranium	[geranium]
jacinto (m)	bunga bakung lembayung	[buŋa bakuŋ lembajuŋ]

mimosa (f)	putri malu	[putri malu]
narciso (m)	bunga narsis	[buŋa narsis]
capuchinha (f)	bunga nasturtium	[buŋa nasturtium]

orquídea (f)	anggrek	[aŋgreʔ]
peônia (f)	bunga peoni	[buŋa peoni]
violeta (f)	bunga violet	[buŋa violet]

amor-perfeito (m)	bunga pansy	[buŋa pansi]
não-me-esqueças (m)	bunga jangan-lupakan-daku	[buŋa dʒʲaŋan-lupakan-daku]
margarida (f)	bunga desi	[buŋa desi]

papoula (f)	bunga madat	[buŋa madat]
cânhamo (m)	rami	[rami]
hortelã, menta (f)	mint	[min]

| lírio-do-vale (m) | lili lembah | [lili lembah] |
| campânula-branca (f) | bunga tetesan salju | [buŋa tetesan saldʒʲu] |

urtiga (f)	jelatang	[dʒʲelataŋ]
azedinha (f)	daun sorrel	[daun sorrel]
nenúfar (m)	lili air	[lili air]
samambaia (f)	pakis	[pakis]
líquen (m)	lichen	[litʃen]

estufa (f)	rumah kaca	[rumah katʃa]
gramado (m)	halaman berumput	[halaman bərumput]
canteiro (m) de flores	bedeng bunga	[bedeŋ buŋa]

| planta (f) | tumbuhan | [tumbuhan] |
| grama (f) | rumput | [rumput] |

folha (f) de grama	sehelai rumput	[sehelaj rumput]
folha (f)	daun	[daun]
pétala (f)	kelopak	[kelopaʔ]
talo (m)	batang	[bataŋ]
tubérculo (m)	ubi	[ubi]

| broto, rebento (m) | tunas | [tunas] |
| espinho (m) | duri | [duri] |

florescer (vi)	berbunga	[bərbuŋa]
murchar (vi)	layu	[laju]
cheiro (m)	bau	[bau]
cortar (flores)	memotong	[memotoŋ]
colher (uma flor)	memetik	[memetiʔ]

98. Cereais, grãos

grão (m)	biji-bijian	[bidʒi-bidʒian]
cereais (plantas)	padi-padian	[padi-padian]
espiga (f)	bulir	[bulir]

trigo (m)	gandum	[gandum]
centeio (m)	gandum hitam	[gandum hitam]
aveia (f)	oat	[oat]
painço (m)	jawawut	[dʒ'awawut]
cevada (f)	jelai	[dʒ'elaj]

milho (m)	jagung	[dʒ'aguŋ]
arroz (m)	beras	[beras]
trigo-sarraceno (m)	buckwheat	[bakvit]

ervilha (f)	kacang polong	[katʃaŋ poloŋ]
feijão (m) roxo	kacang buncis	[katʃaŋ buntʃis]
soja (f)	kacang kedelai	[katʃaŋ kedelaj]
lentilha (f)	kacang lentil	[katʃaŋ lentil]
feijão (m)	kacang-kacangan	[katʃaŋ-katʃaŋan]

PAÍSES DO MUNDO

99. Países. Parte 1

Afeganistão (m)	Afghanistan	[afganistan]
África (f) do Sul	Afrika Selatan	[afrika selatan]
Albânia (f)	Albania	[albania]
Alemanha (f)	Jerman	[dʒⁱerman]
Arábia (f) Saudita	Arab Saudi	[arab saudi]
Argentina (f)	Argentina	[argentina]
Armênia (f)	Armenia	[armenia]
Austrália (f)	Australia	[australia]
Áustria (f)	Austria	[austria]
Azerbaijão (m)	Azerbaijan	[azerbajdʒⁱan]
Bahamas (f pl)	Kepulauan Bahama	[kepulauan bahama]
Bangladesh (m)	Bangladesh	[baŋladeʃ]
Bélgica (f)	Belgia	[belgia]
Belarus	Belarusia	[belarusia]
Bolívia (f)	Bolivia	[bolivia]
Bósnia e Herzegovina (f)	Bosnia-Hercegovina	[bosnia-hersegovina]
Brasil (m)	Brasil	[brasil]
Bulgária (f)	Bulgaria	[bulgaria]
Camboja (f)	Kamboja	[kambodʒⁱa]
Canadá (m)	Kanada	[kanada]
Cazaquistão (m)	Kazakistan	[kazakstan]
Chile (m)	Chili	[tʃili]
China (f)	Tiongkok	[tjoŋkoʔ]
Chipre (m)	Siprus	[siprus]
Colômbia (f)	Kolombia	[kolombia]
Coreia (f) do Norte	Korea Utara	[korea utara]
Coreia (f) do Sul	Korea Selatan	[korea selatan]
Croácia (f)	Kroasia	[kroasia]
Cuba (f)	Kuba	[kuba]
Dinamarca (f)	Denmark	[denmarʔ]
Egito (m)	Mesir	[mesir]
Emirados Árabes Unidos	Uni Emirat Arab	[uni emirat arab]
Equador (m)	Ekuador	[ekuador]
Escócia (f)	Skotlandia	[skotlandia]
Eslováquia (f)	Slowakia	[slowakia]
Eslovênia (f)	Slovenia	[slovenia]
Espanha (f)	Spanyol	[spanjol]
Estados Unidos da América	Amerika Serikat	[amerika serikat]
Estônia (f)	Estonia	[estonia]
Finlândia (f)	Finlandia	[finlandia]
França (f)	Prancis	[prantʃis]

100. Países. Parte 2

Gana (f)	Ghana	[gana]
Geórgia (f)	Georgia	[dʒordʒia]
Grã-Bretanha (f)	Britania Raya	[britania raja]
Grécia (f)	Yunani	[yunani]
Haiti (m)	Haiti	[haiti]
Hungria (f)	Hongaria	[hoŋaria]
Índia (f)	India	[india]
Indonésia (f)	Indonesia	[indonesia]
Inglaterra (f)	Inggris	[iŋgris]
Irã (m)	Iran	[iran]
Iraque (m)	Irak	[iraˀ]
Irlanda (f)	Irlandia	[irlandia]
Islândia (f)	Islandia	[islandia]
Israel (m)	Israel	[israel]
Itália (f)	Italia	[italia]
Jamaica (f)	Jamaika	[dʒlamajka]
Japão (m)	Jepang	[dʒlepaŋ]
Jordânia (f)	Yordania	[yordania]
Kuwait (m)	Kuwait	[kuweyt]
Laos (m)	Laos	[laos]
Letônia (f)	Latvia	[latvia]
Líbano (m)	Lebanon	[lebanon]
Líbia (f)	Libia	[libia]
Liechtenstein (m)	Liechtenstein	[lajhtensteyn]
Lituânia (f)	Lituania	[lituania]
Luxemburgo (m)	Luksemburg	[luksemburg]
Macedônia (f)	Makedonia	[makedonia]
Madagascar (m)	Madagaskar	[madagaskar]
Malásia (f)	Malaysia	[malajsia]
Malta (f)	Malta	[malta]
Marrocos	Maroko	[maroko]
México (m)	Meksiko	[meksiko]
Birmânia (f)	Myanmar	[myanmar]
Moldávia (f)	Moldova	[moldova]
Mônaco (m)	Monako	[monako]
Mongólia (f)	Mongolia	[moŋolia]
Montenegro (m)	Montenegro	[montenegro]
Namíbia (f)	Namibia	[namibia]
Nepal (m)	Nepal	[nepal]
Noruega (f)	Norwegia	[norwegia]
Nova Zelândia (f)	Selandia Baru	[selandia baru]

101. Países. Parte 3

Países Baixos (m pl)	Belanda	[belanda]
Palestina (f)	Palestina	[palestina]

Panamá (m)	Panama	[panama]
Paquistão (m)	Pakistan	[pakistan]
Paraguai (m)	Paraguay	[paraguaj]
Peru (m)	Peru	[peru]
Polinésia (f) Francesa	Polinesia Prancis	[polinesia prantʃis]
Polônia (f)	Polandia	[polandia]
Portugal (m)	Portugal	[portugal]
Quênia (f)	Kenya	[kenia]
Quirguistão (m)	Kirgizia	[kirgizia]
República (f) Checa	Republik Ceko	[republi' tʃeko]
República Dominicana	Republik Dominika	[republi' dominika]
Romênia (f)	Romania	[romania]
Rússia (f)	Rusia	[rusia]
Senegal (m)	Senegal	[senegal]
Sérvia (f)	Serbia	[serbia]
Síria (f)	Suriah	[suriah]
Suécia (f)	Swedia	[swedia]
Suíça (f)	Swiss	[swiss]
Suriname (m)	Suriname	[suriname]
Tailândia (f)	Thailand	[tajland]
Taiwan (m)	Taiwan	[tajwan]
Tajiquistão (m)	Tajikistan	[tadʒikistan]
Tanzânia (f)	Tanzania	[tanzania]
Tasmânia (f)	Tasmania	[tasmania]
Tunísia (f)	Tunisia	[tunisia]
Turquemenistão (m)	Turkmenistan	[turkmenistan]
Turquia (f)	Turki	[turki]
Ucrânia (f)	Ukraina	[ukrajna]
Uruguai (m)	Uruguay	[uruguaj]
Uzbequistão (f)	Uzbekistan	[uzbekistan]
Vaticano (m)	Vatikan	[vatikan]
Venezuela (f)	Venezuela	[venezuela]
Vietnã (m)	Vietnam	[vjetnam]
Zanzibar (m)	Zanzibar	[zanzibar]

www.ingramcontent.com/pod-product-compliance
Lightning Source LLC
Chambersburg PA
CBHW060033050426
42448CB00012B/2995